Friedrich Teubner

Das Wort zur Sprache bringen

Friedrich Teubner

Das Wort zur Sprache bringen

erzählende Predigten zu Texten, die sich nicht von selbst erzählen

Fromm Verlag

Impressum/Imprint (nur für Deutschland/ only for Germany)
Bibliografische Information der Deutschen Nationalbibliothek: Die Deutsche Nationalbibliothek verzeichnet diese Publikation in der Deutschen Nationalbibliografie; detaillierte bibliografische Daten sind im Internet über http://dnb.d-nb.de abrufbar.

Contact:
International Book Market Service Ltd., 17 Rue Meldrum, Beau Bassin, 1713-01 Mauritius
Website: www.bookmarketservice.com
Email: info@bookmarketservice.com

Gedruckt in: USA, UK, Deutschland. Dieses Buch wurde nicht in Mauritius produziert.

Imprint (only for USA, GB)
Bibliographic information published by the Deutsche Nationalbibliothek: The Deutsche Nationalbibliothek lists this publication in the Deutsche Nationalbibliografie; detailed bibliographic data are available in the Internet at http://dnb.d-nb.de.

Contact:
International Book Market Service Ltd., 17 Rue Meldrum, Beau Bassin, 1713-01 Mauritius
Website: www.bookmarketservice.com
Email: info@bookmarketservice.com

Printed in: U.S.A., U.K., Germany. This book was not produced in Mauritius.

ISBN: 978-3-8416-0073-8

HEILIGABEND – **JOHANNES 3**,16-21 - Das Plakat am Highway

Verlesung während der Predigt

Liebe Gemeinde!

Wer von New Jersey aus auf dem Highway 495 nach New York City fährt, muss durch den zweieinhalb Kilometer langen Lincoln Tunnel unter dem Hudson Fluss. Zehntausende Autos am Tag werden vor der Einfahrt derzeit von einem 75 Quadratmeter großen Weihnachts-Schild begrüßt. Vor einem nachtblau leuchtenden Sternenhimmel sieht man hell den Stern von Bethlehem und als Schattenriss die Weihnachtskrippe mit der heiligen Familie, sowie die heiligen drei Könige auf Kamelen. Das freilich ist alles andere als eine originelle Weihnachtsdekoration. Denn über dem Bild steht: „Sie wissen, es ist ein Mythos" und etwas kleiner drunter: „In dieser Saison feiere die Vernunft!" Das Schild wurde vom Verband „Amerikanische Atheisten" errichtet.

Es gibt also in Gottes eigenem Land der unbegrenzten Möglichkeiten nicht nur Leute, die mit der Bibel in der einen Faust und dem Colt in der anderen den Rest der Welt bekehren wollen. Es gibt auch solche, wie wir sie nicht nur früher hatten, die alles, was wir in diesen Räumen seit Jahrhunderten sagen und singen, für einen Mythos halten und die Bibel für ein Märchenbuch; und für sich allein beanspruchen, die blanke Vernunft gepachtet zu haben.

Solche Leute haben ja bei uns jüngst erst wieder Furore gemacht mit abenteuerlichen Märchen darüber, wie viel Geld DIE KIRCHE vom DEM STAAT – also vom Steuerzahler – kriegt und welche Schande das eigentlich ist. Und in mindestens zwei Parteien gibt es Aktivitäten, die Kirche wenigstens soweit aus dem öffentlichen Leben zu verdrängen wie es in Frankreich ist – aber besser vielleicht noch, wie wir es im so genannten Sozialismus hatten.

Allerdings ist es ja nicht alles ganz falsch, was die schreiben über Kirche und Geld vom Staat. Wir zum Beispiel rechnen gegenwärtig gerade eine Viertelmillion bei der Landesregierung ab, die wir in die Sanierung der Dorfkirche gesteckt haben. Ohne dieses Geld wäre diese Kirche in absehbarer Zeit zur Ruine geworden. Und darum haben wir nicht das geringste schlechte Gewissen.

Denn ich weiß nicht so recht, ob das wirklich zu verurteilen ist, wenn uns die Gesellschaft dabei hilft, das bei weitem älteste und ehrwürdigste Gebäude unseres Ortes für die Nachwelt zu erhalten.

Das mögen diese Schlaumeier mit ihrem Gewissen abmachen, so sie denn eins haben.

Wir feiern fröhlich Gottesdienst, kümmern uns weiter nicht groß drum und erzählen auch in diesem Jahr wieder die alte immer wieder gegenwärtige Geschichte von Jesu Geburt.
Gewiss mag da manches mythisch sein, historisch Belegbares legendär ausgeschmückt. - Das wissen wir selber.
Aber was hätten wir gewonnen, mit einer Zeitungsreportage darüber, wie es damals wirklich gewesen ist: mit den Hirten auf dem Felde und den Weisen aus dem Morgenland?
Die Bibel beschränkt sich nicht darauf, in nackten Fakten darzustellen, wie etwas war. Sie erzählt in vielen wundersamen Geschichten von der Geschichte Gottes mit den Menschen und der Geschichte der Menschen mit Gott.
Im Johannes-Evangelium lesen wir von einem prominenten jüdischen Ratsherrn, der sich nachts zu Jesus schleicht, weil er gern die Wahrheit wissen möchte, dabei aber nicht gern von anderen gesehen werden möchte.
So viele reden von Gott. Der eine sagt dies. Der andere behauptet das. Aber keiner scheint wirklich Bescheid zu wissen. Keiner kann sagen, wie Gott aussieht – auch die nicht, die ständig von Gott reden. Keiner kann beweisen, ob es Gott gibt oder nicht – auch die nicht, die das alles für Unsinn halten. Nun möchte unser Ratsherr von Jesus Genaueres wissen. Aber auch Jesus muss ihn enttäuschen. Er hält ihm keinen Vortrag über mysteriöse Geheimnisse. Er sagt ihm nur eins: **So sehr hat Gott die Welt geliebt, dass er seinen eingeborenen Sohn gab, damit alle, die an ihn glauben, nicht verloren werden, sondern das ewige Leben haben.**
Was hilft uns das Wissen, ob etwas so oder anders gewesen ist?
Darüber können wir höchstens schön diskutieren. Und dann gehen wir wieder auseinander, sind nicht viel klüger geworden und nicht viel weiter gekommen.
Was uns hilft ist der Glaube – oder besser: das Vertrauen. Das Vertrauen darauf, dass da nicht bloß irgend so ein überirdisches Wesen in irgendwelchen übersinnlichen Welten schwebt; sondern dass Gott selber zu uns kommt und mitten unter uns lebt – und uns liebt.
Wie sollte er das anders machen als durch einen Menschen, der in Raum und Zeit und dazu noch in ziemlich erbärmlichen Verhältnissen geboren wird?
Das Leben finden wir nicht, indem wir großen Parolen und Plakaten folgen.
Das Leben finden wir, indem wir Jesus folgen und seinem Wort vertrauen.
„Du weißt, dass das alles ein Mythos ist!“ haben die braven amerikanischen Atheisten auf ihr Plakat geschrieben. „Ja und?“ möchte ich sie fragen, „was habe ich damit gewonnen?“
Es geht doch im Leben und in der Welt nicht darum, dass die Parteien sich streiten und der Stärkere und Lautere schließlich Recht behält. Es geht doch darum, dass endlich was anders

wird in dieser unserer Welt. Dass endlich etwas von dem besser wird, was wir alle Tage zu beklagen finden.

Es geht um die Liebe. Dass sie Wirklichkeit wird unter uns.

Und Liebe kann man nicht beweisen, nur glauben und ihr vertrauen.

Gott hat seinen Sohn nicht in die Welt gesandt, dass er die Welt richte, sondern dass die Welt durch ihn gerettet werde.

Glauben hat nichts mit Rechthaberei zu tun; auch wenn uns immer wieder gläubige Menschen als kompromisslose Rechthaber begegnen. Glauben hat damit zu tun, dass du die alte, bescheidene Geschichte endlich zur Wahrheit deines Lebens werden lässt: Wer an Gott glaubt, der ist auf dem richtigen Weg. Und wer ihn im Stall von Bethlehem sucht, der hat ihn schon gefunden.

Doch wer ihn woanders sucht, der soll sich nicht beschweren, wenn er sich dauernd wieder auf Holzwegen verläuft.

Es ist schon verwunderlich, was Jesus diesem alten Ratsherrn gesagt hat: Dein Leben entscheidet sich nicht daran, ob du immer recht hast; und auch nicht daran, ob du mehr als andere Leute über Gott zu wissen vorgibst.

Dein Leben wird über die Wahrheit deines Glaubens Auskunft geben.

Willst du im Dunkeln munkeln oder im Licht gehen?

Willst du Parolen folgen oder dem Lebenswort?

Willst du auf dein gutes Recht pochen oder der Liebe trauen?

Diese braven amerikanischen Atheisten ahnen gar nicht, wie Recht sie haben.

Wenn das alles von Weihnachten für dich weiter nichts als ein mythisches Märchen ist, dann solltest du in der Tat endlich zur Vernunft kommen – zum Glauben finden.

Jesus sagt es so: **Wer Böses tut, der hasst das Licht und kommt nicht zu dem Licht, damit seine Werke nicht aufgedeckt werden. Wer aber die Wahrheit tut, der kommt zu dem Licht, damit offenbar wird, dass seine Werke in Gott getan sind.**

Also lasst euch einladen in das neue Licht, das in der Geburt Jesu aufgestrahlt ist!

AMEN

Epiphanias - **EFESER 3**,2-3a.5.6 – Der Traum der Heiligen Drei Könige

Liebe Gemeinde!

Als die Heiligen Drei Könige zurück nach Hause ritten, waren sie sehr nachdenklich.

Es mochte wohl keiner ein Wort sprechen, weil sie alle drei noch so bewegt waren, von all dem, das sie im Stall von Bethlehem gehört und gesehen hatten.

Fast eine Tagereise weit waren sie schon gekommen. Die Sonne hinter ihrem Rücken malte ihre Schatten so weit in den Sand, wie ihre müden Augen grade noch blicken konnten.

Da setzte der schwarze König Melchior zum Reden an. Und weil er der jüngste der drei war, meinten die anderen beiden, er sei nun müde, und sprachen wie aus einem Munde:

"Die Karawanserei ist nicht mehr weit; du wirst bald zur Ruhe kommen."

Doch der schwarze König Melchior entgegnete: "Nicht das ist es, was mir Unruhe macht! Ich würde zwar lügen, wenn ich behauptete, dass nicht mein Rücken schmerzte und mir meine Augen schon die lächerlichsten Fata-Morgana-Bilder malten. Aber meine Überlegungen kreisen um eine andere Sache: Ich weiß nicht, ob es richtig war?"

"Wie kannst du noch zweifeln?" brauste der weiße König Kaspar auf. "Du hast doch die Ehrfurcht der Hirten gesehen, und die königliche Würde dieser armen Leute mit ihrem Kind! Und überdies hat der Stern über dem Stall gestanden - da gab es doch nicht die Spur eines Zweifels, dass wir richtig waren!"

"Nein", meinte Melchior, "das ist es alles nicht. Mir geht der Traum nicht aus dem Kopf. Wir haben uns einfach von einem Traum bewegen lassen, nicht zu diesem König Herodes zurückzukehren. Das, weiß ich nicht, ob es richtig war."

"Was soll daran nicht richtig gewesen sein?" fragte Kaspar.

Du hast doch den wirren, brutalen Sinn seines Kopfes genauso wie wir aus seinen Augen gelesen! Was sollten wir denn bei dem noch zu schaffen gehabt haben?"

"Das ist es ja!", sagte Melchior. "Wir haben uns von einem Augenblickseindruck bewegen lassen. Und der hat uns vielleicht auch diesen Traum eingegeben. - Aber stellt euch doch bloß einmal vor, was jetzt passiert: Die Hirten gehen wieder zu ihren Schafen. Die Leute mit dem Kind gehen wieder in ihren Heimatort, an ihre Arbeit. Wir ziehen wieder davon in das unendlich weite Morgenland. - Meint ihr nicht, dass die Zeit nicht weit ist, da wieder neue Könige rat- und hoffnungslos den Himmel nach neuen Sternen absuchen; neue Hirten wieder anderen Freudenbotschaften nachlaufen werden; das Gold verbraucht, der Weihrauch verraucht und die Myrrhe vertrocknet ist?

Wenn wir nun zu diesem König Herodes zurückgegangen wären, ihm ins Gewissen geredet hätten - hätte er nicht dafür sorgen können, dafür sorgen müssen, dass die gute Nachricht von dem Kind in der Krippe unter die Leute kommt?
Eine Weile herrschte Schweigen.
Dann hub der vom Alter zerknitterte und von der Sonne gebräunte Balthasar zu reden an.
"Es kann gut sein, dass du recht hast, Melchior." sprach Balthasar. "Es kann aber auch gut sein, dass du unrecht hast. Denn wie immer im Leben, gibt es drei Möglichkeiten:
1. Der König ist ein schlauer Fuchs. Er will uns hereinlegen. Wir würden ihm helfen, einen Konkurrenten auszuschalten. Entweder mit brutaler Gewalt - dafür ist Herodes berüchtigt.
Oder er würde ihn lächerlich machen. Leistet sich nicht jeder Mächtige einen oder ein paar Hofnarren? Und je kühner die sind, desto lauter das Gelächter über sie, weil sie ja nur die Macht des Wortes haben? Und wenn sie ihren Respekt verlieren, verlieren sie in aller Regel auch ihren Kopf.
Ich denke, wie alle Mächtigen hat er vor allem Angst vor dem, was das Leben bringt, ohne dass sie es steuern können. Diese tödliche Angst habe ich in den Augen des Herodes gesehen.
Aber immerhin noch eine zweite Möglichkeit: Wir könnten den Herodes anstecken mit unserer Freude über den neugeborenen König. Würde er nicht sofort versuchen, ihn aus seinem angeborenen Milieu zu lösen, ihn von seinen Eltern weg an seinen Hof zu holen? Ihn sich und seinen Ratgebern dienstbar machen? So dass den einfachen Menschen am Ende wirklich weiter nichts bliebe, als auf einen neuen König zu warten: ***den*** neuen, anderen König?
Und die dritte Möglichkeit: Herodes hätte uns alsbald zu überzeugen versucht, dass es sich hier um eine innerstaatliche Angelegenheit handele, die er innenpolitisch zu regeln gedächte. Sicherlich hätte er uns weit mehr, als wir an der Krippe abgelegt haben als Schweigegeld gegeben, um die Sache so dicht wie möglich unterm Teppich zu halten.
Dieser dritten Möglichkeit wegen, glaube ich, dass der Traum richtig und gut war; und wir recht daran taten, nicht mehr zu dem König Herodes zurückgegangen zu sein.
Doch der Tag ist wirklich zur Neige gegangen. Und auch ich muss ehrlich sagen, dass meine Glieder schmerzen. Ich kann mich kaum noch grade halten. Und da hinten ist auch schon eine Herberge.
Ich mache euch einen Vorschlag: Wir legen uns zur Ruhe. Vielleicht beschert ja der Herr einem jeden von uns noch einen Traum. Den werden wir einander dann morgen auf der weiteren Reise erzählen. Der Morgen ist klüger als der Abend!"

Damit endete das Gespräch der Heiligen Drei Könige am ersten Tage ihrer Heimreise. Schweigend trafen sie am Rastplatz ein. Wortlos glitten sie von ihren Kamelen. Ohne einander gute Nacht gewünscht zu haben, sanken sie in tiefen Schlaf.

Als der Morgen über den Horizont kroch, richteten sie ihre Sättel und ritten weiter - der aufgehenden Sonne entgegen. Den beiden jüngeren drückte der Schlaf noch auf die Lider. Balthasar, der betagte, war der munterste. Darum fing auch er als erster zu sprechen an:

"Mir träumte von dem selben Engel wie in der vorigen Nacht. Mir träumte, ich sähe da eine unendliche unübersehbare Menge von Menschen. Und der Engel sprach zu mir: Sieh genau hin! Und ich gewahrte, dass zwischen den Menschen Mauern standen. So viele ihrer auch waren: Jeder war einsam für sich. Sichtbare, aber noch viel mehr unsichtbare Mauern trennten einen vom anderen.

'Pass auf, was jetzt geschieht' sagte der Engel. Da erglänzte auf einmal das Licht unseres Sternes über all diesen Menschen. Und in seinem Lichte lösten die Mauern sich auf in das schiere Nichts.

Die finsteren Mienen der Menschen erhellten sich. Sie reichten einander die Hände über die gewesenen Mauern hinweg. Und ich sah, dass es alte und junge waren, Männer und Frauen, verwegene Jugendliche darunter und pflichtbewusste Familienväter, Säuglinge und Greise, Gesunde und Kranke.

'Was ist das für eine Welt?' fragte ich den Engel.

'Es ist die Welt unter dem Licht des Sterns von Bethlehem' antwortete der.

'Wo der leuchtet, wird etwas gut, das vorher noch nicht gut war. Und es wird gut bleiben, solange diese Menschen unter den Strahlen dieses Lichtes bleiben. - Ich will dir etwas zeigen.'

Damit hob er seine Hand, und ein Schatten fiel über einen kleinen Ausschnitt der Szene. Und siehe, in diesem Schatten waren die Mauern auf einmal wieder da. Und der Glanz auf den Gesichtern erlosch. Ich wollte dem Engel Einhalt gebieten. Aber da war er verschwunden. Und das erste Morgenlicht stahl sich unter meine Augenlider."

"Auch ich sah den vorigen Engel zum zweiten Male", hub jetzt Kaspar an. "Er führte mich auf eine Straße. Die war gespenstisch menschenleer, obgleich man sah, dass hier viele Menschen wohnen müssten. Schilder an den Häusern wiesen hin auf eine kinderreiche Familie, eine einsame alte Frau, einen arbeitslosen Schlosser, einen reichen Kaufmann, einen rastlosen Politiker...und noch viele mehr. Doch waren aller Häuser Fensterläden geschlossen.

Und auch zu mir sprach der Engel, ich solle drauf achten, was jetzt geschieht. Dann wies er mit der Hand nach oben.

Da zeichnete sich blass, doch immer heller leuchtend unser Stern ab. Und je mehr der Stern leuchtete, desto weiter gingen die Fenster auf.

Und die Menschen liefen auf die Straße: Manche mit offenen, manche mit gefüllten Händen. Und die mit den gefüllten gingen zu denen mit den leeren Händen. Es war so, als ob sie eine Last in mehrere Hände verteilten. Doch indem sie verteilten, kam eine Fröhlichkeit und ein Singen auf in der Straße, dass ich hier am liebsten für immer bleiben wollte.

Doch in meine aufkommende Freude hinein sprach der Engel: 'Du hast nur den Anfang gesehen. Du hast nicht gesehen, wie viele Fenster und wie viele Herzen noch verschlossen bleiben. Du hast nicht gehört, wie viele Leute wohl davon reden, dass sie eigentlich auf die Straße gehen müssten, sich doch aber davor fürchten, vor anderen als arm und bedürftig zu erscheinen; oder befürchten, von der Armut auf der Straße so angesteckt zu werden, dass sie schließlich alle hungern müssten. - Es ist wirklich nur der Anfang, den du gesehen hast. Es wird hinter diesen Anfang kein Zurück geben. Aber es ist leider eben nur der Anfang!'

Dann rüttelte mich der Herbergsdiener aus dem Schlaf. Und mir war als letztes, als hörte ich das Schlagen von Fensterläden, die wieder geschlossen wurden."

"Mein Traum war ganz kurz." sagte der schwarze Melchior. "Richtiger noch: Es war eine Folge von ganz vielen kurzen Szenen; viele einzelne Träume. Ich kann mich gar nicht mehr an alle erinnern. Und ich bin mir auch gar nicht sicher, ob ich nicht im Moment noch träume.

Da war ein Schiff. Es kam aus einem fremden Land.

Aus dem Schiff quollen Menschen, unendlich arm, heimatlos, hoffnungslos. Am Strand standen Soldaten. Sie fingen an, diese Menschen wieder ins Wasser zu treiben.

Plötzlich glomm ein Licht auf über der Szene, und die Soldaten warfen ihre Waffen weg und fingen an, Zelte zu bauen, Wasser und Brot auszuteilen und Wunden zu verbinden.

Diese Szene wurde von einer zweiten überlagert: Wie auf einem riesigen Schachbrett waren Menschengruppen versammelt und doch voneinander getrennt.

Die einen sangen "Christ ist erstanden". Die anderen beugten den Körper in Richtung Mekka. Die dritten rezitierten hebräische Psalmen. Die nächsten waren in Meditation versunken. Wieder andere schlugen auf große Gongs und drehten Gebetsmühlen...und so fort. Sogar welche, die sich Augen, Mund und Ohren zuhielten, waren in großer Gruppe versammelt.

Doch an den Rändern, wo die Gruppen einander berührten, ließen die Beter und Sänger das Beten und Singen sein, zogen Messer aus den Gewändern und gingen aufeinander los.

Da plötzlich hörte ich eine große Stimme. Und alle schwiegen und lauschten dieser Stimme.

Und diese Stimme sprach: 'Das alte ist vergangen, siehe, es ist alles neu geworden!'

Und auf einmal warfen die Leute ihre Waffen fort und reichten einander die Hände.

Und dann hörte ich eine zweite, weit kleinere Stimme. Es könnte die von unserem Engel gewesen sein.
Und diese Stimme sagte zu mir: 'Vergiss das nicht und vergrab das nicht. Das Licht ist für alle aufgegangen. Das Heil hat für alle angefangen. Und nur gemeinsam werdet Ihr's erlangen!'
Ich weiß nicht - ich glaube, ich träume noch."
Noch einmal nahm der alte Balthasar das Wort: "Ich glaube, dass wir alle noch träumen. Unsere Träume sind noch nicht zu Ende. Wir haben da etwas mitgebracht von diesem Kind in Bethlehem, das ist viel kostbarer als alles Gold und Silber. Das müssen wir bewahren, weitersagen, vererben an unsere Nachkommen.
Nur wenn dieses Geheimnis durch die Generationen und über alle Grenzen hinweg immer in der Öffentlichkeit bleibt, kann die Welt überleben."

AMEN

2. nach Epiphanias - **Hebräer 12,** 12-18(...)22-25a - Streit in der frühen Gemeinde

Liebe Gemeinde!

Plötzlich war es still in dem überfüllten Raum. Und alle spürten auf einmal, was sie den ganzen Nachmittag über nicht wahrgenommen hatten: Die unerträgliche Geruchsmischung aus Knoblauch, Ziegenmilch und Kreuzkümmel, angereichert durch zunehmende Ausdünstungen der schwitzenden Menschen, lastete zum Schneiden dick im Raum. Irgendwann hatte jemand die vier winzigen Bogenfenster unter der Decke aufgestoßen. Doch die von draußen einsickernde Abendluft war viel zu lau, als daß sie Erfrischung hätte bringen können. Die Falter und Käfer der Nacht schwirrten herein; zogen ihre Kreise unter der Decke, oder stürzten sich in irrer Suche nach Licht in die Flammen der Fackeln, die man an den Wänden ringsum entzündet hatte; verglommen dort spurlos, oder mit einem leichten Zischen, das aber auch nichts klärte. Denn schlimmer noch als die Wand aus Dunst war die geistige Mauer, die zwischen den Menschen im Zimmer stand.

Zwei große Parteien hatten sich gefunden, und eine kleine in der Mitte - fast zerrieben wie zwischen Mühlsteinen.

Der Wortführer der einen Partei war der elegante Ariston. An seiner Seite seine schöne Frau Lydia.

Manche witzelten, dass Lydia die eigentliche Wortführerin sei. Denn immer, wenn Aristons Reden an Überzeugungskraft verloren, flüsterte Lydia ihm ein paar kurze Worte zu, und der Streit flammte in neuer Schärfe auf.

Der Wortführer der anderen Seite war ein imposanter Bursche. Noch im Sitzen überragte er alle. Sein Leinengewand war von wenig geübter Hand gewirkt. Um seinen mächtigen Kopf lohte ein wuschliger Haar- und Bartkranz in pechschwarz, schmutziggrau und schlohweiß. Das auffälligste aber an ihm waren seine stechend scharfen dunklen Augen, deren Blick keiner länger als drei Atemzüge lang standhalten konnte. Sein richtiger Name war Jonas der Gerechte, doch alle nannten ihn in heimlicher Ehrfurcht den Propheten. Denn sein untadeliger Lebenswandel und seine unumstößlichen Urteile waren womöglich noch strenger als sein unerbittlicher Blick

Noch mehr Ehrfurcht aber genoss der, der der kleinen Partei in der Mitte vorsaß: Polykarp, ein schmächtiges Männlein mit schütterem Haar. Sein Alter mochte irgendwo zwischen 60 und 80 Jahren liegen. Er war der Älteste und Weiseste der Gemeinde. Aber von besonderer Bedeutung war, dass er den heiligen Apostel Paulus noch persönlich gekannt hatte. Und auf den hatte er sich gerade wieder einmal berufen, als er die in ihren Streit verbissenen Kontrahenten zum Verstummen gebracht hatte, mit einer Donnerstimme, die man dem Alten nicht zugetraut hätte.

Seine Worte hingen im Raum und hakten sich in den Köpfen fest: "Ihr zankt euch um Fragen der christlichen Lehre wie Dorfköter um einen Knochen! Wo aber bleibt der Glaube? Ihr sollt müde Hände stärken. Stattdessen haut ihr euch Richtigkeiten um die Ohren! Ihr sollt wankenden Knien Festigkeit geben. Stattdessen versucht ihr, einander aufs Kreuz zu legen! Ihr sollt unsicheren Schritten Orientierung bringen. Stattdessen stellt ihr euch jedes erdenkliche Bein!

Welches Gift hat sich ausgebreitet, hier in einer Gemeinde, die doch unter der Friedenspredigt des Gekreuzigten entstanden ist! Vor Stunden schon wollten wir miteinander das Mahl des Herrn feiern. Unberührt stehen Weinkelch und Brotteller. Und ich mag nun auch nicht mehr. Das Mahl des Friedens und der Liebe soll ich feiern mit Rechthabern, die selbst unter Christen Zwietracht und Hass säen! Ich kann es nicht!"

Jonas begehrte auf: "Man muss doch aber fragen dürfen, was richtig ist und was nicht! Es kann doch nicht im Sinne unseres Herrn liegen, dass man am einen Tag das Glaubensbekenntnis an Jesus Christus spricht und am anderen Tag an den Götzenbildern des Kaisers Weihrauchfässer schwenkt!"

Lydia zischelte Ariston etwas ins Ohr. Der sprang auf, zielte mit seinem Zeigefinger auf Jonas und seine Leute: "Ihr habt gut reden! Ihr lebt euer Leben so für euch hin. Ihr habt für niemanden zu sorgen. Vielleicht für eine Familie. Die mögt ihr ernähren mit euren dürren Parolen - wenn sie sich's gefallen lässt. Aber unsereins hat Mitarbeiter, für die er verantwortlich ist. Die fragen nicht, welche Religion ihr Chef hat. Die wollen am Monatsende ihr Geld. Und im Geschäft bleibt man nur, wenn man mitschwimmt. Aber das will so einer wie du freilich nicht begreifen."

Jonas wehrte sich: "Ich bitte dich schon seit Stunden, mich und meine Freunde nicht als altmodische Trottel hinzustellen! Du weißt, wie viel wir beide gemeinsam gelitten haben für den Glauben. Den alten Kaiser hast du niemals angebetet. Und es hat dich den Beruf und fast das Leben gekostet. Wieso fällst du vor dem neuen Kaiser auf die Knie? Der ist doch nicht christlicher als der alte - auch wenn er sich noch so tolerant gibt, mit christlichen Beratern an der Seite und christlichen Sprüchen auf den Lippen! Wieso lässt du dich von Bildern und Parolen blenden?"

Ein Freund des Jonas erhob sich: "Ja, hast du denn alles vergessen? In den heiligen Schriften ist doch die Linie klar aufgezeigt: Esau verkaufte das Recht seiner Geburt - und es gab kein Zurück. Er verspielte den Segen Gottes für immer. Mose führte das Volk zum heiligen Berg und brachte von dort die heiligen Gebote. Christus vergoss sein Blut für uns. Es gibt nur Ja oder Nein und nichts dazwischen. Und wenn dir dein Verdienst wichtiger ist als das Einstehen für unseren erkannten und erkämpften Glauben, fällst du in einer Weise zurück, die nie gutzumachen ist! Wer einmal seinen Glauben verraten hat, ist schlimmer als einer, der nie von Gott gehört hat!"

"Das nimmst du zurück!" polterte Ariston. "Ich lasse mir hier von niemandem den Glauben absprechen - von niemandem! Unsere Gemeinde lebt schließlich von meinem Geld keinesfalls schlechter als von euren hohen Sprüchen. Man muss die Anforderungen der neuen Zeit mit den alten Lehren verbinden. Sonst bleibt man auf der Strecke! Eure Art von Christentum kann man vielleicht auf einer einsamen Insel leben, aber nicht in der Welt der Menschen!"

"Dein Gott ist des Kaisers Geld!" höhnte Jonas. "Wie viele Runden drehst du täglich ums Goldene Kalb, damit sich deine feine Lydia ihr Gesicht voll Schminke schmieren kann."
Ein ohrenbetäubender Tumult brach aus. Nur noch Wortfetzen waren zu hören: "Fundamentalistische Heuchler!...Geldgierige Nimmersatts!...Konservative Betonköpfe!...Schmierige Anpasser!"
Die Schreier waren aufgesprungen. Fast schien es, als wollten sie mit Fäusten aufeinander los. Unbemerkt im Wirrwarr zog sich der greise Polykarp mühsam an seinem Stock in die Höhe. Wie träumend wankte er mitten durch die Front der Streitenden in den Hintergrund des Raumes.
Die ersten hielten ein. Andere zupften besonders eifrige Schreier am Ärmel. Langsam wurde es ruhiger. Die Blicke richteten sich auf Polykarp. Man sah ihn von hinten. Sein Kopf war weit vornübergebeugt, dahin, wo die Abendmahlsgeräte standen, welche er mit seinen auf den Altar gestützten Armen in weitem Bogen bergend umgriff. Zunächst schien es nur so, dann sahen es alle deutlich: Sein Rücken zuckte. Zunächst ganz leicht, so als wollte er sich nichts anmerken lassen. Dann immer stärker. Und schließlich hörte man den alten Mann schluchzen.
Tief und beklommen stand Stille im Raum. Das erste Schlagen einer Nachtigall drang aus irgendwelcher Ferne durch die Fenster. Doch immer mehr füllte den Raum verzweifeltes, heiseres Schluchzen des Polykarp, das immer deutlicher zum Weinen wurde.
Zwischen Jonas und Ariston entstand plötzlich mitten in der überfüllten Enge eine Gasse. Beide maßen einander mit den Augen. Da senkte Jonas auf einmal seinen Blick und ging auf Ariston zu. Beider Hände fanden sich, und fast mit einem Munde sprachen sie: "Verzeih! Was sind wir für verbohrte Esel?!"
Und weiter sprach Jonas: "Das Gesetz Gottes ist durch Mose zu uns gekommen. Doch wenn die Liebe Christi nicht dazukommt, dann ist auch Gottes gute Weisung umsonst gekommen. Diese Stunden haben mich gelehrt, dass Abels und Christi Blut immer wieder vergossen wird, wo wir einander nicht gelten lassen, anderen den Glauben und guten Willen absprechen, und das Christsein erstarren lassen zu toten Formeln und Forderungen."
Und weiter sprach Ariston: "Unser Versuch, den Glauben heute zu leben, bringt uns oft in Konflikte. Ich gebe zu: Manchmal war mir das schnelle Geld, der einfache Wohlstand, die elegante Problemlösung tatsächlich wichtiger als das mühsame Hören auf die alte Wahrheit Gottes. Der arme Ariston von früher hatte es leichter, sich in der Welt zu entscheiden. Dem reichen Ariston von heute verbaut der Blick auf Besitz, Kontostand und Finanzierungsmöglichkeiten leider viel zu oft die Sicht auf die neue große Wirklichkeit Gottes."
Wie von selbst war bei diesen Worten ein weiter Halbkreis entstanden, in dessen Mitte sich Erstaunliches tat: Ein überirdisches Leuchten strahlte auf dem noch tränennassen Gesicht des alten Polykarp, das nun voll der Gemeinde zugewandt war. In seinen Händen hielt er hoch erhoben das Brot vom Altartisch. Und er begann zu sprechen mit den altbekannten Worten:

"Unser Herr Jesus Christus, in der Nacht, da er verraten ward, nahm er das Brot, dankte und brach's und gab's seinen Jüngern und sprach: Nehmet hin und esset. Dies ist mein Leib, der für euch gebrochen wurde, zur Vergebung der Sünden..."
Und der Frieden, um den sie so heftig gestritten und auf den sie den ganzen Tag lang vergeblich gewartet hatten, breitete sich aus - im Haus und in den Herzen.
Und auf einmal fiel alles Trennende hin. Und die kleinlichen Fragen der Zeit, die die Gemeinde entzweit hatten, verstummten vor den großen Antworten der Ewigkeit.
Und sie erkannten, dass sie alles verlieren würden, wenn sie weiter auf ihrem Recht und ihrer Erkenntnis beharren würden.
Sie erkannten, dass sie nicht durch ihre Erfahrungen und Erlebnisse, nicht durch Rechthaben oder Geldhaben am Friedensreich Gottes Anteil erlangen würden;
sondern allein dadurch, dass sie jetzt hörten und in Frieden feierten und dann hinausgingen und die neue Botschaft vom Frieden und der Liebe in die Welt und unter die Menschen brächten.

AMEN

Letzter nach Epiphanias - **2. Petrus 1,** 16-21 Eine Bergtour

Liebe Gemeinde!

Seit drei Stunden waren sie wortlos bergan gestiegen: Johann, der alte und Anton, der jüngere. Heute wollten sie den Heiligenrigl bezwingen. Und da musste man früh auf den Beinen sein und die Kraft einteilen. Nun war aber der Moment für eine Brotzeit gekommen. Und eine Matte fand sich auch: Spärliches, doch dichtes Höhengras auf der Ostseite, von der aufsteigenden Sonne schon soweit erwärmt, dass man drauf sitzen konnte.

Immer noch schweigend packten sie die mitgebrachten Brote aus. Und während Anton, der jüngere, heißhungrig und herzhaft zubiss, schaute Johann, der ältere noch eine Weile in eine nicht ausmachbare Ferne, schlug dann ein Kreuz über dem gewürfelten Tuch mit den Broten, das aufgeschlagen vor ihm lag; schnitt mit seinem Taschenmesser einen Happen ab und führte ihn gemächlich zum Munde.

Anton hatte den ersten Bissen heruntergeschluckt, räusperte die Heiserkeit aus seinem Halse und sprach in den immer noch kühlen Morgen: "Sag, Johann, wieso betest du selbst über dem Vesperbrot? Der Herrgott würde's dir schon auch ohne Gebet bekömmlich machen. Bei uns zu Haus wird nur noch gebetet, wenn eine große Mahlzeit auf den Tisch kommt. Der Vater meint: Auch unser Herr Jesus hat nur gebetet, wenn er tausende Menschen speiste oder als er mit seinen Jüngern das Abendmahl nahm; aber nicht über jedem Stückchen Kuchen, das er unterwegs zugesteckt bekam."

Johann kaute bedächtig seinen Happen hinunter. Dann musste auch er sich erst einmal kräftig räuspern: "Weißt, der Unterschied ist, ob du's in dir hast oder nicht."

"Das verstehe ich nicht," entgegnete Anton, "jeder von uns hat doch einen Glauben in sich. Und wenn ich die Majestät der Berge sehe, dann weiß ich, dass es einen großen Herrgott gibt. Der ist viel größer als unsere Gebete. Schon die Großmutter hat mir die Geschichten aus der Bibel erzählt."

"Ach, du mit deinen Geschichten," knurrte Johann zwischen zwei Bissen hervor. "Die Geschichten sind es nicht. Zwar ist es schlimm, dass die Jugend heutzutage die alten Geschichten nicht mehr kennt. Du bist zum Glück davon eine rühmliche Ausnahme. Aber die Geschichten allein, die machen's nicht. Da kann man erzählen, was man will. Wenn die Geschichte nicht zum Erlebnis wird, dann ist die ganze alte Geschichte nichts wert."

Anton nahm einen tiefen Schluck Kaffee aus der Thermoskanne, dann widersprach er: "Der Pfarrer hat gesagt, ohne die Geschichten wären wir wie ein Fisch auf dem Trockenen. Wir sollten nur die Geschichten recht glauben, dann würden wir schon die Seligkeit finden."
"Das hat der Pfarrer gesagt?" fragte Johann ungläubig. "Das kann er doch unmöglich gemeint haben. Willst du denn jede Geschichte glauben? Wenn sie dir eine Geschichte erzählen, wie du ganz leicht zehntausend Mark verdienen kannst, ohne dich abzurackern - glaubst du die so unbesehen? Und wenn sie dir Geschichten erzählen von der Schlechtigkeit der Menschen - glaubst du die, ohne an die guten Menschen zu denken, die deinen Weg bis heute behütet haben?"
Anton wurde unsicher: "Na, jede blöde Geschichte glaub ich freilich nicht. Als mich neulich auf dem Marienplatz einer ansprach, ob ich schon "gecleart" wäre und mich zu irgendeinem idiotischen Test verführen wollte, mit dem man sein Bewusstsein erweitern und sein Leben erfolgreich machen könne, da habe ich den stehengelassen und mir eins ins Fäustchen gelacht. Der war doch von irgendsoeiner Sekte und bloß auf mein Geld aus. Aber dass man mit einem Sechser im Lotto sein Glück machen kann, wirst du doch nicht bestreiten."
"Nu, mach du deinen Sechser," sagte Johann begütigend. "Aber bis du den gemacht hast, sind von deinem Geld schon eine ganze Menge anderer Leute glücklich geworden. Und - mal angenommen, du machst deinen Sechser - was wirst du dann tun? Wird er dich vor Krankheit schützen? Vor Angst? Vor Untreue? Vor dem Tod?"
"Na dafür haben wir ja die Geschichten vom Herrn Jesus!" wandte Anton ein. "Die schützen uns doch vor Tod und Teufel. Man muss nur glauben, dass er wirklich die Kranken geheilt und die Wogen besänftigt hat."
"Schmarrn" grunzte der alte Johann, "mit dem Glauben an die Geschichten hast du gar nix gewonnen. Leben müssen sie für dich werden. Weißt, ich bin ja auch zum Religionsunterricht gegangen. Und dann habe ich auch das ganze alte Zeug in den Wind geschlagen, und gedacht: Das sind doch alles bloß alte Geschichten. Aber dann ist mir einer über den Weg gelaufen, der hat gesagt, daß der Glaube an den Herrn Jesus die größte Kraft in seinem Leben ist.
Ich hab das zuerst für eine Spinnerei gehalten. Aber dann habe ich gesehen, wie der mit den zehn Geboten und den Geschichten aus der Bibel umging. Der hat die nicht bloß auswendig gekonnt. Der hat die gelebt. Der hat wirklich nicht zurückhauen müssen, wo man ihn beleidigt hat. Der hat zuhören und klug urteilen können. Und wenn man mit ihm zu tun kriegte, ging man irgendwie anders wieder fort: ein bisschen glücklicher.
Einmal ist er krank gewesen. Da bin ich ihn besuchen gegangen. Und da habe ich geredet, was man halt in solch einem Fall redet: *Wird schon besser werden. Kopf hoch!*

Da hat er mich angeschaut und gesagt: *Nicht das ist wichtig, dass es mir immer besser geht. Sondern das ist wichtig, dass ich nicht vergesse: Gott ist bei mir, ganz besonders, wenn mir's schlecht geht.*

Und als er dann zum Sterben kam, sind alle Leute traurig um ihn rumgestanden und haben gejammert, wie schlimm doch alles ist, und dass Gott ihre Gebete nicht erhört hat.

Und stell dir vor, da hat er sich aufgerichtet in seinem Bett. Und es war ein Leuchten in seinen Augen. Und er hat gesagt: *Vielleicht habt ihr gar nicht gebetet, sondern bloß gefabelt.*

Mein *Gebet hat er immer erhört, wenn ich ihm gedankt habe für die schönen Tage und ihn um Hilfe gebeten habe für die schweren. Und manchmal, wenn ich doch ganz tief drunten war, habe ich ein Gefühl gehabt, als stehe ich auf einem ganz hohen Berg und kann über alles Leid, das ich selber hab und das die anderen plagt, weit hinwegsehen. Und ich freue mich, dass ich an der Hand eines Gottes gehe, der viel stärker ist, als alle Geschichten und Gedanken der Menschen.*

Und dann hat er sich hingelegt und keinen Mucks mehr gesagt. Und in der Nacht ist er ganz friedlich eingeschlafen."

Anton kaute vor sich hin und war ganz still. Die Sonne schien jetzt wärmer, und die beiden Bergwanderer streckten sich ihr entgegen, um so viel wie möglich von ihr zu trinken.

Noch einmal setzte Johann an: "Ich weiß, man braucht ein bisschen Leben für so eine Geschichte. Wenn man so jung ist wie du, da glaubt man leichter die einfachen Geschichten: Fabeln, die einer erfunden hat, um sich selber und andere zu überzeugen. Aber die wirklich lebenswichtigen Geschichten stehen nicht in den Büchern. Die passieren immer wieder. Deshalb klettere ich so gern auf die Berge. Da bist du mal raus aus allem, was so den ganzen Tag um dich rum passiert.

Und manchmal denk ich: Man muss den Weg immer wieder gehen - von der Geschichte ins Leben.

Wenn wir raufgeklettert sind auf die Gipfel, dann müssen wir auch wieder runter.

So ist das mit den großen Worten und Geschichten auch.

Was dir der Pfarrer erzählt hat, mag gut und richtig sein.

Aber wichtig ist es nur, wenn für dich aus den Geschichten Leben wird.

Und das geht halt am besten, wenn man Menschen trifft, die einem das vorleben können. Das ist nämlich nicht so einfach.

Das meinte ich vorhin, wenn ich sagte: *Der Unterschied ist, ob du's in dir hast oder nicht."*

Anton stand auf: "Wenn ich dir so zuhöre, ist es immer, als lernte ich eine neue Welt kennen. Es ist so, als hätte Jesus selber zu mir gesprochen. Und irgendwas wird ganz licht in mir drin.

Vielleicht kann ich auch mal solch ein Mensch werden, der nicht bloß Geschichten erzählt, sondern so lebt, dass andere Menschen draus ihre Lebenskraft kriegen."
Johann beschwichtige: "Da musst du freilich die alten Geschichten schon kennen: Von Mose, der auf einen Berg klettern musste, um die zehn Gebote von Gott zu kriegen und von Jesus, der über so manchen Berg klettern muss, um in unser Herz zu kommen, das ganz vollgestopft ist mit all den Fabeln, die gut klingen, aber unsere Sicht verbauen.
Lass uns weitergehen! Der Tag ist nicht mehr lang. Und wir haben noch viel vor."
Amen

Sexagesimä - **APOSTELGESCHICHTE 16,** 9-15 – Mein Name ist Lydia

Guten Tag, meine Damen und Herren!
Darf ich mich Ihnen kurz vorstellen: Mein Name ist Lydia.
Ich trage ihn zu Recht und mit Stolz. Denn ich bin eine waschechte Lydierin aus Thyatira, einer alten Stadt in Lydien. Sie würden heute sagen: aus dem Westen der Türkei.
Aber an die Türken von heute war zu meiner Zeit noch nicht zu denken.
Unsere Welt wurde von anderen Herren regiert.
Bis vor ein paar Jahrzehnten noch von den Griechen, vor allem den Mazedoniern. Dann kamen die Römer. Die sind heute noch da. Aber ihre Macht ist äußerlich. Die haben sie bloß in ihren Militärstiefeln und in ihren glänzenden Waffen.
Im Reich des Geistes, der Kunst und der Sprache regieren die Griechen noch immer.
Doch eigentlich lebt in mir eine noch viel ältere Tradition.
Sie müssen nämlich wissen, dass in meiner Heimatstadt Thyatira schon zu den Zeiten der ägyptischen Pharaonen ganz vorzügliche und einmalige Purpurschnecken gezüchtet wurden.
Das Geheimnis, aus einem Wollstoff, oder meinetwegen auch aus Leinen oder Seide, echtes Purpur zu machen, beherrscht niemand so, wie die alteingesessenen Familien meiner Heimatstadt.
Ich könnte Ihnen da so allerlei erzählen: Purpur ist der König der Farben. Erde und Himmel können Sie drin sehen, wenn er nur echt ist und Sie was davon verstehen!
So mancher Neureiche, der keine Ahnung von wirklich Wertvollem hat, läuft heute mit Purpur, Samt und Seide herum. Mehr scheinen als sein.
Ich vermute, das wird es in Ihrem Jahrhundert auch geben.
Da kommen Leute in mein Geschäft, die grapschen mit ihren rohen Händen nach den feinsten Stoffen. Aber wenn sie den Preis erfahren, lassen sie den Ballen fallen wie ein heißes Eisen und holen sich lieber irgendwelches Talmi von einem schmuddeligen Marktkrämer.
Nein, diese römischen Emporkömmlinge sind Barbaren.
Nur hinter dem Geld her. Kriegen können sie nie genug, aber kosten soll es möglichst nichts.
Habe ich Ihnen überhaupt schon gesagt, dass ich ein Purpurgeschäft betreibe? Nun, Sie werden es sich sicherlich schon gedacht haben. Was sollte eine aus Thyatira auch sonst tun?!
Warum ich hier in Philippi bin, das liegt an meinem Mann. Sie wissen ja: Liebe macht blind.
Als der in das Geschäft meines Vaters kam - ein stattlicher römischer Offizier, mit dem richtigen Blick für echten Purpur und genügend Geld in der Tasche...-
Was soll ich sagen: Das war Liebe auf den ersten Blick. Übrigens für meine Eltern auch.

Auf den zweiten Blick war es dann schon nicht mehr so berauschend. Bald nach der Hochzeit wurde er hierher versetzt: Eine der bedeutendsten Garnisonen im römischen Reich. Vor Stolz ist er fast rückwärts gegangen. Und das wichtigste war ihm: Wie viel Purpur von welcher Sorte an welcher Stelle seiner neuen Uniform er unterbringen könnte. Nein - sind die Männer manchmal eitel! Dass ich weg musste von meiner Familie, meinen Freundinnen, meiner Heimat - das war ihm völlig egal. "Philippi ist eine ganz neue, ganz tolerante Stadt; dort wirst du Freunde und Götter nach Lust und Laune finden." So hat er gesagt, und ist wieder abmarschiert zu seinen Soldaten.
Es war ja dann auch so. Recht hat er gehabt. Hier kann man die hundsköpfigen Götter der Ägypter genauso anbeten wie die hundertbrüstige Diana der Epheser; natürlich Zeus, Apollo und Athene in ihrer griechischen und auch in ihrer lateinischen Ausgabe. Auf fünf Häuser kommt ein Tempel.
Meinem Mann ist das alles egal. Er geht in keinen Tempel. Die obligatorischen Opfer vor dem Kaiserbild zum Geburtstag und zu Neujahr - das muss sowieso jeder. Und das ist für ihn auch schon alles.
Aber was schwafele ich dauernd von meinem Mann! Eigentlich will ich Ihnen von einem anderen Mann erzählen. Nicht, was Sie denken! An Frauen hat der - glaube ich - gar kein Interesse. Aber er hat mich fasziniert.
Wie ich ihm begegnete, das kam so: Von den vielen Göttern in Philippi habe ich schon erzählt.
Irgendwie haben die mich angeödet. Ein Tempel versuchte den anderen auszustechen. Jeder Offizier sponserte seinen eigenen Gott. Dann aber geriet ich an ein paar Leute, die verehrten einen unsichtbaren Gott. Und für den hatten sie nicht einmal einen Tempel.
Juden nennen sie sich. Sie stammen in der Mehrzahl aus Israel. Einige sind schon seit Generationen hier ansässig. Sie machen nicht viel von sich her, und mit dem Militär wollen sie schon gar nichts zu tun haben. Aber grade das macht sie sympathisch.
Ich brauchte eine ganze Weile, bis ich ihren Versammlungsort fand. In größeren Städten, so erzählten sie, hätten sie schon auch so eine Art Tempel. Den nennen sie Synagoge, oder Lehrhaus, oder auch einfach Schule. Aber hier sind sie noch zu wenige und auch zu arm, als dass sie sich so was leisten könnten.
Da haben sie sich auf eine alte Tradition besonnen. Vor 500 Jahren waren sie in ein Exil verbannt, wo sie auch keinen Tempel hatten. Da saßen sie dann immer am Flussufer und erzählten sich von ihrem Gott. So machten sie es auch hier in Philippi.

Stellen Sie sich vor: Einen ganzen Tag nehmen die sich frei. Da ruht alle Arbeit. Sie sind nur für Gott und füreinander da, an diesem Tag, den sie Sabbat nennen. Wo gibt es das sonst? Und an solch einem Sabbattag saß plötzlich ein Fremder mit am Flussufer. Eigentlich waren es mehrere. Aber der, an dem Blick und Ohren kleben blieben, war der Wortführer.
Er erzählte eine merkwürdige Geschichte: Schon Monate sei er unterwegs im Auftrag des einzig wirklichen, unsichtbaren jüdischen Gottes. Er sei in Kleinasien hin und her gezogen, auch in meiner lydischen Heimat. Und überall habe er mit den Leuten geredet. Vor allem mit den einfachen Leuten sei er auch weiter im Gespräch geblieben; wo er selber im Moment nicht sein könne, schriebe er eben Briefe.
Aber dann habe es eine Krise gegeben. Immer deutlicher habe er den Eindruck gehabt: Nichts geht mehr. Bis er eines Nachts von einem Mann aus Mazedonien geträumt habe. Der habe ihn um Hilfe gerufen. Und da sei er nun - in der Machtzentrale der Provinz Mazedonien. Ein paar Tage sei er schon hier, bis er herausbekommen konnte, wo sich die jüdische Gemeinde trifft. Und nun sei er zwar erstaunt, dass hier keine zehn Männer beieinander seinen, man also auch keinen richtigen Gottesdienst feiern könne. Aber wir Frauen seien auch schon recht. Und er wolle uns das neueste aus der alten Heimat erzählen.
Da spitzten die anderen natürlich die Ohren. Geschichten aus der Heimat sind immer gut. Auch wenn man schon generationenlang hier wohnt, hat man doch noch jede Menge Verbindungen in die alte Heimat. Und vor allem, seit dort der Blutsauger Pontius Pilatus regiert, werden die Meldungen immer bedrohlicher.
Aber mit ihrem Familienklatsch kamen die anderen diesmal nicht recht auf ihre Kosten. Dieser Mann - Paulus hieß er - war nämlich ganz durchdrungen von der Geschichte eines anderen Mannes: Jeschua oder Jesus aus Nazareth. Den nannte er immerzu den Christus - oder wie die Hebräer sagen: Den Messias. Und von dem erzählte er die wundersamsten Dinge:
Wie er gelebt hat, wie er gestorben ist. Und dass er heute noch lebendig ist, wenn man sich trifft und von ihm erzählt, und durch das Zusammenkommen und Erzählen neue Kraft gewinnt.
Ich muss schon sagen: Ich hing an seinen Lippen. Ich konnte gar nicht genug hören.
Die anderen standen nach und nach auf, weil ihnen plötzlich irgendwelche Verabredungen und dringende Besuche einfielen. Schließlich saßen wir nur noch ganz allein da.
Bei Sonnenuntergang habe ich Paulus und seine Begleiter eingeladen, bei mir zu wohnen. Bis in die tiefe Nacht hinein redeten wir über Jesus und den wahren Glauben an den wahren Gott. Ich wollte immer mehr wissen. Ich habe es nicht bereut.

Sie werden es nicht glauben: Am nächsten Sabbat war ich schon getauft. Zu diesem Jesus wollte ich gehören. Nach so einem hatte ich gesucht. Das war nicht irgendeiner von den prunkvollen Göttern, für die die Offiziere ihr Geld verschwenden; aber Gott im Tempel lassen und ihr Leben ohne ihn leben.

Dieser Jesus, das ist einer, der kann einem noch im Alltag helfen: Wenn man mit anderen Menschen nicht zurechtkommt, oder wenn man selber nicht weiterweiß.

Jesus - so sagte Paulus - hat sich in die Gefangenschaft der Menschen begeben, damit wir Menschen vor Gott frei würden.

Nun ist Paulus schon eine ganze Weile wieder weg.

Sie haben ihm dann noch übel mitgespielt.

Er hat eine verrückte Sklavin geheilt. Dafür ist er ins Gefängnis geflogen. Aber selbst den Gefängniswärter konnte er von Jesus überzeugen. Und weil die ganze Sache ziemlich peinlich war, haben sich dann sogar die Stadtoberen noch bei ihm entschuldigt. So ein Mann ist das. Den sollten Sie kennenlernen!

Inzwischen sind wir eine kleine Gemeinde geworden - unbedeutend zwar, aber fröhlich und brüderlich. Und wir freuen uns, wenn Paulus wieder mal kommt, oder vielleicht bloß einen Brief schreibt. Denn das ist wichtig, dass man einander nicht aus den Augen verliert.

Wer im Glauben nicht immer neu dazulernt, der bleibt irgendwann stehen. Der wird dann bloß noch die Götzen von früher verehren.

Aber wem erzähle ich das? Sie werden all das ja viel besser wissen als ich, eine Ausländerin, eine Dazugekommene. In Ihrem Land muss man nicht am Flussufer sitzen, wenn man einander von Gott erzählen will. Da gibt es große Gemeinden und prächtige Kirchen. Und von dort aus sind Missionare in alle Welt gezogen: Tausende Paulusse, die Millionen Lydias bekehrt haben. Wie schön muss es bei Ihnen sein, wo die Christen nicht in der Minderheit sind, und der Gott der Bibel all die anderen Götter und Götzen vertrieben hat! Wie gern möchte ich in Ihrer Zeit leben und mit Ihnen Gottesdienst feiern! Wie schön müsste das sein!

AMEN

Estomihi - **JESAJA 58,** 1-9a - Der Engel der Gemeinde

(Textverlesung am Ende der Predigt)

Liebe Gemeinde!

Im Konferenzraum der himmlischen Heerscharen war es mucksmäuschenstill.

Die Engel liefen nur auf Zehenspitzen. Möglichst sahen sie zu, dass sie den Konferenzraum überhaupt mieden. Am großen Tisch in der Mitte saßen zwei Erzengel, in ein schier unlösbares Problem vertieft. Man sah ihre Köpfe förmlich rauchen:

Herrisch und groß der berühmte Gottesbote Erzengel Gabriel; klein und zusammengesunken der nur wenig bekannte Kahal-El, der Engel der Gemeinden.

Gabriels flache Hand lag auf der Tischplatte und seine Augenbrauen zeigten im spitzen Winkel nach oben: "So sieht es aus." hatte er eben festgestellt. Und seine Worte standen wie Eisenerz im Raum, als er fortfuhr: "Die Gemeinde Gottes ist nur dem Namen nach noch Gottes Gemeinde. Sie ist ein Volk von scheinheiligen Heuchlern. Gott hat kein Gefallen mehr an ihnen. Zum Gottesdienst gehen sie mehr oder weniger aus Pflichtgefühl. Beten und Fasten ist fast ganz aus der Mode gekommen; und wo man es noch macht, ist es bloß noch Formsache."

Schüchtern wandte Kahal-El ein: "Aber sie tun doch, was sie können. Aus deiner Sicht hast du ja vielleicht sogar recht. Aber sie wissen's nicht besser. Sieh mal: du bist hier oben im Himmel. Unten auf der Erde sehen die Dinge ganz anders aus. Du glaubst gar nicht, wie intensiv die Leute im täglichen Gespräch mit Gott sind. Immer wieder führen sie IHN auf den Lippen.

Wenn ein Unglück geschieht, fragen sie: Wie kann Gott so was zulassen? Wenn sie sich freuen, jubeln sie: Gott sei Dank! Manchmal, wenn einer sich total verrannt hat, betet er gelegentlich sogar "Gott, verdamm mich!"

Das steckt in allen Menschen immer noch ganz tief drin, sogar in den vielen, die kaum mal eine Kirche von innen sehen. Aber immerhin reden sie mit Respekt von der Kirche; und wenn sie im Urlaub Langeweile haben, gehen sie manchmal sogar in eine rein. Und mancher hat bei solcher Gelegenheit angefangen, ernsthaft über sein Leben nachzudenken."

"Hast du eigentlich zugehört?" wollte Gabriel wissen.

"Ich rede nicht von denen, die angeblich nichts von Gott wissen wollen, doch abergläubisch irgendeinen religiösen Rest in ihrem Gewissen hüten. Ich rede von denen, die von sich behaupten, dass sie Gemeinde sind - Kerngemeinde, treue Gemeindeglieder. Die sind doch auch nicht besser. Auf die hat das doch schon lange abgefärbt: Gott in schönen Tagen schier zu vergessen; aber in schweren Tagen zu schreien, dass Gott sich gefälligst um sie mehr als um andere zu kümmern habe.

Jaja, sie sitzen immer wieder mal im Gottesdienst. Und sie halten sich mit einer Treue, die manchmal lächerlich scheint, an irgendwelche alten kirchlichen Sitten. Aber das ist doch alles bloß äußerlich!"

"Das kannst du aber so nicht sagen!" begehrte Kahal-El auf.

"Du hast doch keine Ahnung, was die manchmal auf sich nehmen. Da gab es Zeiten, in denen es regelrecht gefährlich war, sich zur Kirche zu halten - und viele sind trotzdem treu geblieben. Ja, selbst heute noch muss mancher das nachsichtig - hochmütige Lächeln gewisser Nachbarn ertragen, wenn er beim Glockenläuten mit dem Gesangbuch unterm Arm auf die Straße tritt."
"Ja und?" fragte Gabriel zurück. "Was ist, wenn er dann wieder zu Hause ist; wenn nach dem Sonntag der Montag und Dienstag und all die Alltage kommen? Sind deine treuen Christen dann nicht genauso wie die anderen? Manchmal noch schlimmer? Wer Arbeit hat, verachtet den, der keine hat. Wer eine Heimat hat, verachtet den, der Asyl sucht. Wer Geld hat, hält es fest wie das Lebenswasser. Wer Brot hat, weiß nicht, was Hunger ist - und will es auch meist gar nicht wissen.
Und wer ein paar Leute unter sich hat, redet und handelt genauso rücksichtslos wie ein Gottloser: "Die Dinge müssen sich rechnen! Wie willst du das finanzieren? Bildung, Kultur, soziale Gerechtigkeit und Umweltschutz muss man sich leisten können - sonst kann man gleich Konkurs anmelden!" Selbst die Kirche steht im Ruf, dass sie lieber auf Teufel komm raus spart als geistreich neue Wege sucht. Denk bloß nicht, dass am Thron Gottes all diese Reden und Ausreden unbekannt wären. Was da zurzeit läuft, das stinkt doch zum Himmel!"
Kahal-El ließ seine Flügel ganz tief hängen und murmelte kleinlaut: "Und was meinst du, das da zu machen wäre?"
"Da ist gar nichts mehr zu machen." sagte Gabriel. "Und wenn es nach mir ginge, würden wir den ganzen Laden sich selber überlassen. Sollen sie doch mit ihrem Geld, ihren Sprüchen und ihren Sicherheiten zur Hölle fahren! Mögen sie doch weiter machen, was alle machen, bis sie sich gegenseitig mit ihren Forderungen, Gleichgültigkeiten und Lieblosigkeiten erstickt haben! Soll doch jeder weiter so tun, als sei er Gott, in Wirklichkeit aber dem anderen ein Teufel sein! Irgendwann bricht das sowieso von ganz allein zusammen. Da helfen auch keine frommen Beschwörungsformeln. Wer nicht besser ist als andere, der hat es auch nicht besser verdient!"
"Nun mach aber mal einen Punkt!" protestierte Kahal-El, während sich Gabriel heftig atmend den Schweiß von der Stirn wischte. "Du kannst doch nicht alle in einen Topf werfen! Deine Verallgemeinerungen zeigen, dass du wirklich bloß den Gestank wahrhaben willst, der zum Himmel steigt und nicht die vielen kleinen Schritte gegen den allgemeinen Trend zur Katastrophe.
Man müsste sich was einfallen lassen, um den Leuten noch deutlicher zu zeigen, welcher Weg der rechte ist und wohin der führt; und welcher Weg unrecht ist und zu nichts führt.
- Übrigens - wieso hast du eben gesagt: Wenn es nach mir ginge...? Geht es denn diesmal nicht nach dir?"
Gabriel schwieg eine Weile. Und selbst, als er endlich zum Sprechen ansetzte, kaute er die Worte mühsam heraus: "Ich versteh das ja auch nicht. Diese Langmut! Die hätten sie doch wirklich nicht mehr verdient! Nach all den vielen Jahren und Jahrhunderten Predigt sollten sie

es doch wirklich wissen. Aber nein. Gott hat gesagt, sie sollen noch eine Chance bekommen. Gott hat gesagt, es könnte ja doch sein, dass viele gar nicht wissen, was sie tun; oder was die Folgen ihres Nichttuns sind. Gott hat gesagt, manche verlassen sich viel zu sehr auf das Gute, das sie von ihren Eltern und Vorfahren ererbt, oder in ihrer Welt entdeckt haben; wissen aber gar nicht, wie sehr sie dieses eine brauchen: Die einzig wahre Lebens - Botschaft. Und wissen nicht, dass es sich lohnt, sie nicht nur herzubeten, sondern auch zu leben. Aber nicht genug damit. Gott hat sogar noch gesagt, die Sache wäre einfacher, als wir Engel dächten. Wir lebten ja hier schon im ewigen Licht. Wir könnten uns ja die Dunkelheiten gar nicht mehr richtig vorstellen, die manchmal unter und zwischen den Menschen sind. Und darum hat er versprochen: Wenn sich ein Mensch findet, der einem anderen das Dunkel seines Lebens erhellt, so soll es für den auch hell werden. Und wenn ein Volk sich findet, das einem anderen Volk die Hand reicht und mit ihm aus dem Dunkel verfehlter Geschichte herausfindet, so soll es auch für dieses Volk licht werden.
Und wir sollten nur erst einmal diese Botschaft über die Erde ausrufen. Und dann sollten wir noch einmal vor seinen Thron kommen und ihm sagen, ob wir noch immer den Stab über die Menschheit brechen wollten."
"Tolle Idee." maulte Kahal-El respektlos und sah Gabriel an. "Da sieht man, dass es wirklich lange her ist, dass Gott zum letzten Mal über die Erde gegangen ist. Wenn WIR da auftreten, denkt doch kein Mensch über sein Leben und seine Welt nach. Dann schreien sie rum, was das nun wieder für eine Erscheinung ist. Die klugen fangen an zu diskutieren, ob es Engel wirklich gibt, und wie man so was vernünftig erklären kann. Die Skrupellosen fangen uns ein und zeigen uns im Zirkus für Geld. Und die breite Masse hat wieder eine Sensation, für die sie das Geld ausgeben kann, das sie eigentlich ihren hungernden Schwestern und Brüdern zuwenden sollte."
Gabriel fingerte in den Untiefen seiner Gewandfalten: "So einfältig, wie du denkst, ist Gott nicht. Er hat dies alles wohl bedacht. Und er hat gesagt - na, wo habe ich es denn - ach, hier ist es." Und damit zog er er einen Papierbogen aus seinem Gewand.
"Er hat gesagt, wir sollten einen Menschen suchen, der sich das traut. Es könnten auch mehrere sein. Wir sollten einen Menschen suchen, der sich traut, folgendes vorzulesen.
Nein, eigentlich hat er nicht von Vorlesen geredet. Er braucht einen oder mehrere Menschen, die das wie eine Posaune ausposaunen und nicht müde werden, es immer wieder auszurufen."
"Was soll der machen?" fragte Kahal-El ungläubig zurück.
"Naja, der soll diese Botschaft Gottes unter die Leute bringen.
Und an den Leuten soll es nun selber liegen, ob sie die hören oder wieder in den Wind schlagen.
Und davon wird ihre Zukunft abhängig sein. So hat Gott gesagt."
"Und was ist das für eine Botschaft?" wollte Kahal-El wissen.
"Ja, warte, ich will sie dir gleich vorlesen. Und dann wollen wir zusammen überlegen, wie wir einen finden, der das nicht nur aufsagt oder tote Formeln und Formen draus macht, sondern in

Leben umsetzt. Gott meint jedenfalls: Wer das hört und beherzigt und vorlebt, der findet auch selber den Weg zum Leben. Gott liegt viel dran. Denn er möchte ja, dass die Menschen leben und nicht, dass sie sich gegenseitig umbringen."

"Das müssen ja ganz erstaunliche Worte sein, wenn sie Menschen tatsächlich zur Umkehr bewegen können." staunte Kahal-El.

"Ja, höre sie dir nur an!" sagte Gabriel. "Und vielleicht finden wir einen Weg, dass sie alle Menschen hören: "**So spricht Gott zum Profeten: Rufe getrost, halte nicht an dich! Erhebe deine Stimme wie eine Posaune und verkündige meinem Volk seine Abtrünnigkeit und dem Hause Jakob seine Sünden! Sie suchen mich täglich und begehren, meine Wege zu wissen, als wären sie ein Volk, das die Gerechtigkeit schon getan und das Recht seines Gottes nicht verlassen hätte. Sie fordern von mir Recht, sie begehren, dass Gott sich nahe. »Warum fasten wir, und du siehst es nicht an? Warum kasteien wir unseren Leib, und du willst's nicht wissen?« - Siehe, an dem Tag, da ihr fastet, geht ihr doch euren Geschäften nach und bedrückt alle eure Arbeiter. Siehe, wenn ihr fastet, hadert und zankt ihr und schlagt mit gottloser Faust drein. Ihr sollt nicht so fasten, wie ihr jetzt tut, wenn eure Stimme in der Höhe gehört werden soll. Soll das ein Fasten sein, an dem ich Gefallen habe, ein Tag, an dem man sich kasteit, wenn ein Mensch seinen Kopf hängen lässt wie Schilf und in Sack und Asche sich bettet? Wollt ihr das ein Fasten nennen und einen Tag, an dem der HERR Wohlgefallen hat? Das aber ist ein Fasten, an dem ich Gefallen habe: Lass los, die du mit Unrecht gebunden hast, lass ledig, auf die du das Joch gelegt hast! Gib frei, die du bedrückst, reiß jedes Joch weg! Brich dem Hungrigen dein Brot, und die im Elend ohne Obdach sind, führe ins Haus! Wenn du einen nackt siehst, so kleide ihn, und entzieh dich nicht deinem Fleisch und Blut! Dann wird dein Licht hervorbrechen wie die Morgenröte, und deine Heilung wird schnell voranschreiten,**

und deine Gerechtigkeit wird vor dir hergehen, und die Herrlichkeit des HERRN wird deinen Zug beschließen. Dann wirst du rufen, und der HERR wird dir antworten. Wenn du schreist, wird er sagen: Siehe, hier bin ich.

Amen

Okuli - **MARKUS 12,**41-44 – Der Schatz der Witwe

Liebe Gemeinde!

Wir wissen nicht, wie sie heißt. Wir kennen ihr Schicksal nicht. Und wir wissen nicht, was aus ihr geworden ist. Wir sehen nur diese Momentaufnahme. Im Übrigen sind wir auf Mutmaßungen angewiesen. - Nennen wir sie Mirjam.

Nicht einmal so viel wissen wir: Ob Mirjam eine fromme Frau gewesen ist. Ob sie jeden Tag in den Tempel kam. Oder mehr zufällig. Wie die vielen Touristen, die Tag für Tag das wundersame Bauwerk bestaunten. Seit Jahrzehnten lief die Renovierung schon.

Das hatte das 500 Jahre alte Bauwerk zwar nötig. Aber was der gegenwärtige König aus dem alten Tempel zu machen sich anschickte, übertraf die kühnsten Fantasien.

Die geschicktesten Handwerker gaben ihr bestes.

Mirjam fiel von einer Verwunderung in die andere. Welch ein Kontrast zu ihrer bescheidenen Lehmhütte! Welch eine Menge Geld und Gold wurde hier verbaut!

Mirjam fand das wunderbar. Gottes Wohnung muss schön sein: Ein Stück Himmel auf Erden. Wo sonst soll man seinen Alltag vergessen können? Wo sonst soll man zusammensein können mit all den Menschen, die vor uns dagewesen sind und nach uns da sein werden?

Am Zustand der Bauwerke zeigt sich oft, ob unser Glaube ermutigend ist oder erbärmlich.

Der jüdische Glaube damals und dort war stark und tragend. Und darum ist Mirjam hier. Hier ist sie zu Hause. - Sie geht durch den Vorhof der Völker. Ein buntes Gewirr.

Und ein Betrieb wie auf einem riesigen Jahrmarkt. Opfertiere und Souvenirs; und die Stände der Wechsler. Denn der Tempel hat seine eigene Währung.

Ein paar Stufen höher durch ein Tor kommt sie zum Vorhof der Frauen. Dort ist es schon wesentlich ruhiger. Die Fremden sind draußen geblieben. Die Männer eilen weiter in den heiligen Bereich, der auch den Frauen aus dem Volke Israel verboten ist.

Doch sie kann hier ganz gut mit ihrem Gott und ihrem Gebet bleiben.

Viel hat sie nicht. Geld nur selten. Aber hier fällt die Not ihres Lebens ab.

Denn hier ist sie in Gottes Nähe.

Seit ihr Mann gestorben ist, müssen ihre Söhne sie versorgen. Die haben zwar auch nicht viel. Doch für Essen und Trinken und ab und zu ein neues Kleid reicht es gerade. Und wo sie nun auch ein paar Münzen einstecken hat, kann sie auch im Tempel beten.

Denn das ist Vorschrift: Ein jeder, der am Gottesdienst teilnehmen will, muss den Tempelbetrieb mit einer kleinen Gabe unterstützen. Und das will sie auch – endlich wieder einmal. Dafür hatte sie sich etwas zurückgelegt. - Ein großer Tag für Mirjam.

Alte heilige Worte gehen ihr durch den Kopf: „Fürchte dich nicht, denn ich habe dich erlöst; ich habe dich bei deinem Namen gerufen. Du bist mein!“ so hatte Gott durch den Mund des Profeten gesprochen.
Ja, fast nichts gab es, das ihr gehörte. Selbst auf ihre schäbige Lehmhütte hatte ein entfernter Vetter ihres verstorbenen Mannes sein Auge geworfen; und sie wusste nicht, wie lange sie da noch würde bleiben dürfen. Aber hier darf sie bleiben. Hier vertreibt sie keiner.
Denn sie gehört Gott. Und das ist gut so. Und Gott gehören alle Menschen: die großen und die kleinen; die alten und die jungen. Alles Volk und jedes Land.
Ihr ist nicht nach großen Predigten und theologischen Disputen zumute. Sie möchte einfach nur hier sein; wo andere Menschen sind; und wo sie in der Nähe Gottes ist.
Und sie möchte mit ihren kleinen Möglichkeiten dazu beitragen, dass dieser Ort der Besinnung und des Friedens für viele Menschen und lange Zeiten erhalten bleiben möge.
Ihr Blick schweift hinüber zu den dreizehn Opferstöcken in der westlichen Säulenhalle.
Dort stehen die Leute und bringen ihre Spenden und Gaben.
Ein Priester steht dabei. Der muss überprüfen, ob auch alles seine Ordnung hat, und die Leute nicht etwa Steine oder Knöpfe, oder gar fremdes Heidengeld in den Opferstock werfen.
Vor ihm muss man laut die Summe nennen, die man spendet. Und wenn man sie vorgewiesen hat, darf man sie in eins der dreizehn widderhornförmigen Bronzegefäße werfen.
Hier geht es nach dem Motto: „Tue Gutes und rede drüber!“ Da werden die Silber- und Goldstücke nur so ausgerufen. Man hat den Eindruck, dass einer den anderen übertrumpfen möchte.
Manche haben einen Diener dabei. Der trägt den Geldbeutel, zählt die befohlene Summe heraus und weist sie dem Priester vor. Und wenn sie nur groß genug ist, ruft schon auch mal der Priester selber mit gerührten Dankesworten die Summe aus.
Mirjam hat nie eine Schule besucht. Aber so viel Mathematik hat ihr das Leben beigebracht: Wer sich einen Diener leistet, der rechnen und lesen kann, für den ist so manche Spende, die hier groß ausgerufen wird, bloß eine Kleinigkeit.
Was machen sie nur her, die Großen und Reichen? Es geht doch vor Gott nicht um Ruhm und Ansehen. Es geht doch hier allein darum, dass man mit allem, was man hat, an Gottes Werk in dieser Welt mitbauen kann.
Mirjam hat manchmal wochenlang keinen roten Heller in der Tasche. Aber sie lebt.
Gott gibt ihr alles, was sie zum Leben braucht. Und wenn immer sie was geopfert hat, sie hat es jedes Mal hundertfältig in mancherlei Form zurückbekommen.
Sie hängt nicht an Geld und Gut. Sie weiß, wie schnell das zwischen den Fingern zerrinnt.

Sie weiß, dass es viel Wichtigeres gibt im Leben.

Nun ist sie herangetrippelt. Und erst im letzten Moment fällt ihr eine Gruppe von Männern auf, die ins Gespräch vertieft neben dem Opferstock sitzt. Der eine scheint der Meister zu sein. Die anderen Jünger. Und der Meister scheint die Gaben und Geber zu kommentieren.

Ja, sie kennt ihn, diesen Meister. Wer kennt ihn nicht! Es ist doch der, von dem jetzt so viel geredet wird. Es ist doch der, der schon so manchen Kranken geheilt und manchem Ratlosen zurechtgeholfen hat.

Mirjam hat gehört, dass gegen ihn ein Komplott geschmiedet würde. Es heißt, er werde nicht mehr lange frei herumlaufen. Sogar das wird gemunkelt: Was gegen ihn vorliegt, könnte reichen, dass die Römer ihn ans Kreuz schlagen.

Nun, heute ist er noch hier. Mirjam mag ihn. Und sie möchte gern, dass sein Blick auf sie fiele.

Doch wie soll sie das machen? Wie soll sie dem großen Meister und Wundertäter imponieren.

Jetzt kommt sie sich richtig schäbig vor mit ihren paar Münzen in der Tasche.

Genau genommen sind es bloß zwei Halbpfennige.

Den einen könnte sie geben. Aber mit dem anderen kann sie auch nicht viel anfangen.

Gott, der ihr bisher geholfen hat, der wird ihr auch weiterhelfen, wenn sie jetzt alles gibt.

Doch ein Problem: Der Priester mag wohl mit der kleinsten Gabe schon zufrieden sein. Er weiß ja, dass nicht jeder goldene Berge spenden kann. Aber wie steht sie vor Jesus da?

Sie trippelt heran und murmelt mehr, als dass sie spricht: „Zwei Scherflein!“

Sie hat alles gegeben, was sie hat. Zwei Tage hätte sie davon leben können.

Und doch ist ihr leicht ums Herz.

Ja, und da hört sie doch tatsächlich die Stimme des Meisters: „Die anderen haben nur von ihrem Überfluss gegeben. Diese gab alles, was sie hat. Sie hat das größte Opfer für Gott gebracht.“

Und in ihrem Herz leuchtet wieder das Wissen auf: Gott ist der Freund der Schwachen.

Er lässt die nicht im Stich, die sich voll und ganz auf ihn verlassen.

Er sieht nicht auf die glänzenden Zahlen und Bilanzen.

Er sieht auf das reine Herz und den ehrlichen Willen.

Wer festhält, dem zerbricht alles unter der Hand und zerrinnt alles zwischen den Fingern.

Doch wer hingibt, der empfängt Segen.

AMEN

Judika - **Hebräer 13,**12-14 – Die Neue Stadt

Liebe Gemeinde!

Als die Bauleute fertig waren, gab es ein großes Fest. Und alle waren dabei:

Der Bürgermeister und die Zünfte, die Priester und das Volk.

Und alle waren überzeugt: Dies ist die schönste Stadt, die die Welt je gesehen hat.

Der Bischof hatte für die neue Kathedrale eine ganz seltene Reliquie besorgen lassen: Ein Stück vom Kreuz Jesu. In feierlichem Zug wurde die Kostbarkeit in die neue Kirche getragen. Die Ratsherren hatten ihre schönsten Roben angezogen. Die Glocken läuteten, die Orgel brauste und alles Volk war festlich gekleidet und feierlich gestimmt. Sie sangen ihre schönsten Lieder, denn dies war der schönste Tag, den sie je in ihrem Leben erleben durften. Noch ihren Enkeln würden sie voller Stolz erzählen, dass sie einst dabei gewesen waren.

In seiner Predigt betonte der Bischof, dass man das Glück gar nicht hoch genug einschätzen könne, in solch einer schönen neuen Stadt zu leben, aus der Unglück und Armut, Hass und Hässlichkeit für immer verbannt seien; eine Stadt, dem himmlischen Jerusalem so ähnlich, wie es auf Erden nur immer möglich sei. Und die Bürger der Stadt sollten keinen Tag in ihrem Leben vergessen, dass es eine solche Stadt in der Welt noch nie gegeben habe.

Nach dem Fest kehrte der Alltag wieder ein. Auch der war übersonnt vom Bewusstsein des neuen Lebens in dieser neuen, einmaligen Stadt. Die Händler auf den Märkten priesen ihre Ware an wie in anderen Städten auch. Doch nie hörte man von falschen Gewichten oder überhöhten Preisen.

Die Handwerker gingen fleißig ihrer Arbeit nach; auf Termintreue, Qualität und finanzielle Redlichkeit bedacht.

In den Bürostuben wurde niemand herablassend behandelt. Die Obrigkeit verstand sich als Diener des Volkes. Die Advokaten sahen mehr auf das Recht ihrer Klienten als auf das Wohl ihrer Kasse. Und die Richter richteten ohne Ansehen der Person.

Alles in allem: eine glückliche Stadt, wie die Welt noch keine gesehen hatte.

Und so hätte es bleiben können bis ans Ende der Welt.

Doch eines Tages begab sich etwas, worauf niemand eine Antwort wusste.

Der alte Klas war plötzlich nicht mehr da. Der alte Klas war ein Kriegsinvalide.

Der hatte immer auf den Stufen der Kathedrale gesessen und gebettelt. Man hatte ihm gern was gegeben, denn auch der alte Klas sollte spüren, dass man in der glücklichsten Stadt der Welt wohne. Nun war er plötzlich nicht mehr da. Gestorben war er nicht. Das hätte der Priester gewusst.

Krank war er auch nicht, das hätte der Arzt gewusst. Er war einfach nicht mehr da.

Ein paar Tage später fehlte die alte Anna. Alle hatten sie "Mutter Annchen" genannt.

Mutter Annchen hatte keiner so richtig ernst genommen. Es hieß, sie sei nicht ganz richtig im Kopfe. Sie hatte jeden Tag eine neue Kerze angezündet - für ihre verlorenen Kinder, wie sie sagte. - Dabei wusste jedermann in der Stadt, dass sie niemals Kinder gehabt hatte. Nur ein paar unsäglich schmutzige Kinder aus der Vorstadt waren immer um sie herum; Kinder, die keiner recht wollte, weil sie frech und ungefügig waren. Doch zu Mutter Annchen hatten sie nie ein schlechtes Wort gesagt. Und nun, da man über das Fehlen von Mutter Annchen sprach, fiel auf, dass auch diese Kinder lange nicht gesehen worden waren.

Noch rätselhafter schien das Verschwinden von einem halben Dutzend Patienten aus dem städtischen Hospital. Eines Tages bemerkten die Schwestern bei ihrer Morgenvisite, dass sie einfach nicht mehr da waren. Kein Fenster war zerbrochen, keine Tür beschädigt, und doch waren sie verschwunden.

In der Stadt herrschte Ratlosigkeit. Die wurde noch größer, als dieser und jener seinen Nachbarn vermisste. Nicht, dass man sich in dieser Stadt mehr als anderswo um seine Nachbarn gekümmert hätte. Es ging doch allen Leuten gut. Wieso also sollte man sich um seine Nachbarn kümmern? Aber als sie nun nicht mehr da waren, fiel eigentlich erst so richtig auf, dass man Nachbarn gehabt hatte.

Der Kaplan Florian wollte der Sache auf den Grund gehen. Er fragte viele Leute. Die zuckten die Schultern. Er durchstreifte die nächtlichen Gassen. Doch fand er niemanden außer ein paar versprengten Zechern. Er suchte in den hintersten Winkeln, wo selbst der Nachtwächter nicht hinkam. Doch die Vermissten waren nicht zu finden.

Als eines Tages auch noch das wundertätige Christusbild aus der Kathedrale verschwunden war, erbat er sich Urlaub, packte ein Bündel mit dem Nötigsten und zog davon.

Nach drei Tagen war er wieder da und wusste folgendes zu erzählen: Er hatte das Weichbild der Stadt noch nicht lange im Rücken, als er ein seltsames Singen hörte. Diesem Singen war er nachgegangen. Da hatte sich seinen Blicken ein verwunderliches Bild dargeboten.

Auf jenem Hügel, wo früher der Galgen gestanden hatte, stand jetzt das wundertätige Christusbild. Und um dieses Bild war eine illustre Gemeinde andächtig versammelt:

Die Kranken aus dem Hospital waren da, auch die Kinder aus der Vorstadt; so mancher Nachbar - darunter auch welche, die man noch gar nicht vermisst hatte. Mutter Annchen führte mit zitternder Greisinnenstimme den Chor an. Dann hielt der alte Klas, den man niemals mehr als "Bitte" oder "Danke" hatte sagen hören, mit Leuchten auf dem Gesicht eine Art Predigt.

Florian konnte sich auf die einzelnen Worte nicht mehr recht besinnen. Doch die großen Linien dieser Predigt brachte er bei genauem Nachdenken noch zusammen. Um das Leiden unseres Herrn Jesus Christus sei es gegangen und um das Leiden der Menschen, die ihm nachfolgen. - So ungefähr habe der alte Klas gesagt: Die Menschen mögen sich mühen, wie sie wollen - sie werden keine Stadt bauen können, in der alles in Ordnung ist. Denn die Ordnung auch der ordentlichsten Stadt dieser Welt wird immer wieder gestört. Alter, Krankheit und Tod haben keinen Platz, wo es um Ordnung und Leistung geht.

Böse Gedanken und böse Worte kommen von allein. Man kann sie wohl unterdrücken oder verzeihen, doch bleibt auch die zugedeckte Bosheit wirksam. Hass und Neid sind auch aus der schönsten, neusten Stadt nicht zu verbannen. Und um das Leid anderer machen Menschen, je glücklicher sie sind, einen desto größeren Bogen.

Immer, wenn er, der alte Klas, oder die verrückte Mutter Annchen oder die Straßenkinder in der Kathedrale versucht hatten, zu dem wunderwirkenden Christusbild vorzudringen, seien da die guten und anständigen Leute wie eine Mauer gewesen. Und die hätten ihnen bedeutet: Euch braucht die Stadt nicht! Sie braucht uns, weil sie durch uns lebt. Aber ihr lebt nur von unserer Milde.

Und eines Tages, als er, der alte Klas, des Abends noch einmal zu stillem Gebet in der Kathedrale gesessen habe, da sei es ihm doch gewesen, als habe das wundertätige Christusbild ihm zugezwinkert und mit dem Arm in die Richtung des Galgenberges gewiesen. Und so sei er diesen Weg gegangen. Nach und nach sei der eine und der andere mitgekommen. Und nun seien sie hier auf dem Hügel, wo man früher die Sünder und die Verbrecher gerichtet habe. Und plötzlich sei auch das wundertätige Christusbild hier mitten unter ihnen gewesen. Hier sei zwar vieles nicht so ordentlich und schön wie in der Stadt, aber sie spürten die Nähe des Herrn mehr als jemals in der Stadt.

Dann sangen sie wieder. Und als sie zu Ende waren, sagten sie, er - Florian - könne in die Stadt zurückgehen, oder hier bei ihnen bleiben. Ihnen sei beides recht. Doch sie würden nie und nimmer in die Stadt zurückkehren. Ihr Platz sei nicht dort, wo sie von ordentlichen Menschen geduldet werden, sondern dort, wo dieser Christus mit seiner Liebe ihnen nahe sei.

Der Bischof und die Ratsherren hörten den Bericht des Kaplans Florian mit Verwunderung.

Zunächst meinten sie, da müsse doch die Polizei eingreifen und die Ordnung wiederherstellen. Schließlich habe man die Stadt so eingerichtet, wie es auch für die Kranken und Unglücklichen am besten sei.

Doch dann meldete sich der alte Pater Remigius zu Wort. "Denkt an das Volk Israel!" sprach er. "Dieses Volk lebte noch viel mehr in der Nähe Gottes als wir; wohnte ER doch im Tempel zu Jerusalem. Dennoch wussten sie, dass nicht immer alles in Ordnung ist. So stellten ihre Priester einmal im Jahr ein Tier in die Mitte des Volkes. Man betete zu Gott, damit er die Sünden des Volkes wegnehme und auf das Tier lege. Und dann schickte man das Tier aus dem Lager hinaus in die Wüste. So ist auch Jesus, der große Sohn des Gottesvolkes einen einsamen Weg aus den fest gefügten Ordnungen der Menschen gegangen, um die Wüsten ihrer Verfehlungen auf sich zu nehmen und ihr Leben vor Gott wieder in Ordnung zu bringen. Unsere Stadt ist schön. Unsere Stadt ist wohlhabend. Aber unserer Stadt scheint es an Liebe und Fantasie zu fehlen. -

Ich habe einen anderen Vorschlag. Schicken wir nicht die Polizei, gehen wir selber!

Lasst uns Brot und Wein und Medikamente mitnehmen. Wir haben ja genug davon. Vielleicht auch Blumen und Musik. Und lasst uns hingehen, dorthin, wohin die Ordnungen unserer Stadt nicht reichen. Lasst uns die suchen, die in unserer Nähe kein Glück erfuhren!"

Die Ratsherren und der Bischof bedachten diesen Vorschlag und wurden sich alsbald einig: Am nächsten Sonntag verzichteten sie auf den schönen Gottesdienst in ihrer schönen Kathedrale und gingen hin, um denen nahe zu sein, die sie sonst übersehen und verachtet hatten. Viele schlossen sich dem großen Zug an zu den Armen draußen vor dem Tor. Andere aber schüttelten den Kopf und gingen an ihre Arbeit.

Dem Kaplan Florian schien es, als sei über diesem Zug ein Glänzen und Leuchten, wie er es zum letzten Mal bei der Einweihung der Stadt erlebt hatte. Und als sie auf dem Hügel miteinander sangen, suchte er die Nähe des wundertätigen Christusbildes; denn dort schien der Glanz am dichtesten zu sein.

Plötzlich tat das wundertätige Christusbild seinen Mund auf und sprach: "Ich bin immer bei euch. In den schönen und glücklichen Tagen kann man das leicht vergessen. Doch in den schweren und einsamen Zeiten kann es euch trösten und helfen. Wenn ihr euch fürchtet, weil ihr nur wenige seid, oder ganz allein steht.... Wenn ihr Angst habt vor Wegen, deren Gefahren ihr nicht durchschaut und deren Ziel ihr nicht kennt: Ich bin immer bei euch. Ich bin euren Weg schon vorausgegangen - ins Leben."

AMEN

JUDIKA - **1. MOSE 22,** 1-13 – Die Qual des Vaters Abraham

Liebe Gemeinde!

Was für eine Geschichte! Was für ein Vater!?

Gewiss: Man hat schon von Vätern gehört, die ihre Kinder umbringen.

Aber ich habe noch nie von einem gehört, der ehrenwerte Motive dafür hatte.

Im Zorn kann so was passieren. Oder wenn einer zur Vaterschaft nicht stehen will.

Könige soll es gegeben haben, die aus Angst vor Machtverlust ihre Nachkommen erdrosselten. - Und Päpste, die Angst hatten, dass ihr Lotterleben ruchbar wird.

Aber Väter, die ihr Kind opfern, um Gott einen Gefallen zu tun – wie soll man sich so etwas vorstellen?

Selbst die Bibel scheint die Geschichte mit einem gewissen Schrecken zu erzählen – und wendet sie mit dem Wort eines Engels ins Positive. Frei übersetzt: „Ist ja nun gut, Abraham! Dein Glaubensgehorsam hat sich als vorbildlich erwiesen! Test bestanden! Aber nun ist Schluss mit den Menschenopfern! Schau dich nur einmal um, und du wirst ein Tier finden, das du opfern kannst. Wenn denn schon unbedingt Blut fließen muss - dann doch bitteschön kein Menschenblut mehr!“

So könnte man sich die Geschichte erträglich machen. Und so wird sie zumeist gelesen.

Wir leben schließlich in der Antike. Da war ein Menschenleben nicht viel wert. Und ehe so ein Kind an Hunger oder Auszehrung, an einem Unfall oder einer Entzündung stirbt; oder in jungen Jahren durch einen Krieg hingemetzelt wird – da macht es ja fast keinen Unterschied, wofür es schließlich umkommt. Und wenn man sogar noch eine fromme Begründung dafür hat – was kann es besseres geben?!

Für Fruchtbarkeit im Stall und auf dem Feld hat man Menschen geopfert, für Kriegsglück und die Abwendung von Naturkatastrophen. Kriegsgefangene wurden als Dankopfer dargebracht. Die Inkas sollen ihnen bei lebendigem Leibe das Herz herausgeschnitten haben.

Grauenvolle Zeiten! Die haben wir gottlob überwunden! Haben wir?

Jahrhunderte nach Abraham führen die israelitischen Propheten einen verbissenen Kampf gegen einen barbarischen Brauch: In einem tönernen Götzenbild, das innen hohl war, hat man ein großes Feuer gemacht, und dann oben zum Maul-Loch sein Kind hinein geworfen. Moloch hieß der Götze und war zuständig für allerlei gute Schicksalswendungen oder böse Schicksalsschläge.

Und die Fürsten und Vornehmen des Volkes waren die ersten, die ihre erstgeborenen Söhne herbeibrachten und sie dem Moloch opferten. Und sie waren stolz drauf. Und jeder, der seinen

Sohn diesem Ritual vorenthalten hätte, hätte als gottloser, gemeinschaftsgefährdender, verantwortungs-loser Staatsfeind gegolten. Der König Josia ließ eine ganze Opferstätte bei Jerusalem verwüsten, weil die Leute von diesem Brauch gar nicht lassen konnten.

Grauenvolle Zeiten! könnten wir sagen. Die haben wir gottlob überwunden! glauben wir.

Und dann sehen wir die Fernsehbilder, wie wildgewordene Mütter ihre unschuldigen Töchter – halbe Kinder noch – aufgeputzt wie kleine Bordsteinschwalben – einem schmierigen Dieter Bohlen vorführen, damit der sie auf der Bühne verhöhnt und verheizt. Und alle freuen sich, wenn Deutschland einen neuen Superstar hat.

So mancher Vater opfert auch heute noch sein Kind einem Wunschbild, einem Traum. Alles, was er in diesem Leben nicht geschafft hat und wohl auch nicht mehr schaffen wird, das soll sein Sohn verwirklichen. Der soll es schließlich mal besser haben! Zur Liebe gehört auch Härte.

Wir sehen doch, was aus Kindern wird, denen keiner mehr Grenzen zeigt und sagt, wie es lang geht.

Und da wird so manches Kind mit dem Bade ausgeschüttet. Einer, der sein Kind asozialem Wildwuchs überlässt, macht sich genauso schuldig, wie einer, der es vermeintlich höheren Zwecken opfert.

Aber da fällt mir doch etwas auf an den Gesprächen in dieser Geschichte, wenn ich noch einmal genau zuhöre. Und an den Gefühlsbewegungen, die ich mir nur denken kann, weil die Geschichte sie nicht erzählt.

Der Abraham ist seltsam wortkarg. Er sagt eigentlich bloß: „Hier bin ich!" - Und das sagt er ein paar Mal. Nachdem er seinen – göttlich inspirierten – Entschluss gefasst hat, will er sich auf keine Diskussion mehr einlassen.

Wie mag er die Nacht vor der Aktion geschlafen haben? Was hat er Mutter Sara von dem erzählt, was am kommenden Tag stattfinden soll? Immerhin fällt auf, wenn man die Bibel weiter liest, dass Sara bald darauf verstorben ist – ohne noch mal ein Wort mit Abraham zu wechseln.

Auch wenn die Sache sozusagen mit einem Happy end ausgeht: Welche Mutter könnte es verkraften, wenn der Vater mit dem Sohn loszieht in der Absicht, ihn zu opfern?

Und noch was fällt mir auf: Bis hierher haben Gott und Abraham miteinander geredet wie ein Mann mit seinem Freunde – also direkt. Von hier an redet Gott mit Abraham nur noch durch einen Engel.

Wie ist das zu verstehen? Gibt es eine Art vermeintlichen Glaubensgehorsams, die Gottes Stimme in uns abtötet? Kann es sein, dass Menschen manchmal besser zu wissen vorgeben, was Gott will, als Gott selber? Woher wusste Abraham, dass es Gott ist, der ihm eine so unzumutbare Aufgabe stellt? Immerhin fällt auf, dass er sich in Aktionismus flüchtet: Er hackt selber Holz – obwohl er dafür Knechte hat. Er braucht drei Tage für eine Strecke, die man an einem Tag gut und gern bewältigen kann. Leicht kann ihm das alles nicht gefallen sein.

Und seiner Sache sicher kann er auch nicht gewesen sein.

Ich habe einen furchtbaren Verdacht. Woher wissen wir eigentlich, wessen Stimme das ist, die uns was einflüstert? Die nicht bloß flüstert, sondern manchmal fordert, zwingt?

Kann es nicht so gewesen sein: Der Abraham konnte sein Glück noch immer nicht fassen – Gott hatte ihm in hohem Alter noch einen Sohn geschenkt. Gott hatte etwas möglich gemacht, was er selber nicht mehr für möglich gehalten hatte: dass das Versprechen wahr wird „Ich werde dich zum großen Volke machen".

Und nun wollte nicht Gott den Abraham, sondern Abraham Gott versuchen: Hier hast du den Issak! Er ist das Heiligste und das Liebste, das ich habe. Ehe ich das Risiko eingehe, dass ein dummer Zufall oder ein tragischer Unfall die Verheißung zunichte macht, will ich lieber selber auf Nummer Sicher gehen und eine Entscheidung Gottes erzwingen. Und ich bin doch ziemlich gespannt, was Gott sich einfallen lässt, um den Isaak da heil durchkommen zu lassen.

Denn wenn der Isaak das nicht überlebt, dann ist alles hin.

Mein Verdacht ist, dass Menschen verzweifelt oft sich auf den lieben Gott herausreden, wenn sie selber ihrer Sache nicht ganz sicher sind. Mein Verdacht ist, dass Menschen die Liebe, Zuwendung und Fürsorge Gottes gar nicht so recht begreifen und annehmen können und immer noch ein weiteres, zusätzliches, massives Zeichen brauchen.

Wenn die Kirche im Mittelalter Glaubwürdigkeitsprobleme hatte, hat sie mit dem Schlachtruf „Gott will es!" die Leute auf Juden und Moslems gehetzt. Und dann sind sie losgezogen in die Kreuzzüge und haben hemmungslos fremdes Blut vergossen. Früher oder später – und manchmal überhaupt gar nicht – haben sie dann begriffen, dass Gott so etwas ganz und gar nicht haben will. Und sie haben sich drüber beschwert, dass sie Gott gar nicht mehr reden hören und ganz und gar nicht mehr verstehen können. Weil sie selber zu wissen meinten – viel besser als Gott – was der will.

Dabei hätten wir spätestens seit Golgatha wissen können, dass die Wirklichkeit Gottes anders herum ist: Jesus Christus hat sich selbst geopfert, aufgeopfert für andere. Und so ist es recht und richtig vor Gott: Nicht andere opfern um vermeintlich höherer Werte willen, sondern sich selbst hingeben um der Liebe Gottes willen. Aber wie oft werden noch blutdürstigen Molochs Menschenopfer gebracht, statt die Liebe Christi an andere weiterzugeben!

Wie oft kann man das auch heute noch erleben, dass Gott nicht mehr Liebe ist, sondern Ausrede und Rechtfertigung für unmenschlichen Umgang mit Mitmenschen.

Dabei können wir das auf den ersten Seiten der Bibel schon lesen: Wenn uns die Opfer wichtiger werden als die Liebe, dann lässt sich Gott schon was einfallen, was wir statt Menschen opfern könnten. Aber wir bezahlen es damit, dass wir die Stimme Gottes nicht mehr hören.

Gebe Gott, dass wir das lernten: Uns nicht mehr auf ihn zu berufen, wenn wir anderen überheblich begegnen wollen, sondern der Stimme der Liebe stärker zu vertrauen, als so manchem Geschrei, das die Leute als alternativlosen Gotteswillen ausgeben.

AMEN

Miserikordias Domini - **Hebräer 13,** 20.21 – Der Turm der Frauen

Liebe Gemeinde

Schon die alten Römer hatten da eine Festung und einen Wehrturm. Aber sie haben es nicht lange dort ausgehalten. Der Ort war gar zu unwirtlich. Aquis mortis - tote Wasser - haben sie ihn genannt.

Er liegt ganz im Süden von Frankreich, dort wo die Rhone sich verzweigt in ein Delta unübersichtlicher kleinerer und größerer Wasserläufe. Wenn sie viel Wasser mitbringt, steht das ganze Land voller sumpfiger Brühe. Ein Paradies für Sumpfvögel aller Art, wie es in Europa kaum ein zweites gibt. Aber für Menschen sind die feuchtheißen Temperaturen und die Myriaden gefräßiger Mücken schier unerträglich.

Viele Jahre später baute der fromme König Ludwig XI. auf den römischen Trümmern eine gewaltige Festung, die man heute noch besehen kann. Er legte dort einen großen Hafen an, um möglichst schnell ins Heilige Land zu kommen, das er im Auftrage des Papstes und mithilfe frommer Rittersleute von den Sarazenen befreien wollte.

Ungefähr in der Mitte zwischen der Zeit des Königs Ludwig und unserer Zeit erlangten die vergessenen unheimlichen Gemäuer traurige Berühmtheit. Unseren evangelischen Mitchristen in Frankreich ist Aigues mortes seit etwa 250 Jahren so etwas wie ein Wallfahrtsort: Ein Ort schrecklichsten Schauders und beflügelnder Glaubensgewissheit zugleich.

Rund drei Dutzend Frauen waren für viele Jahre in der feuchtdunklen Nacht des alten Wehrturmes gefangen. Manchmal kamen eine oder zwei dazu. Mancher Schwester trübte die aussichtslose Kerkerhaft die Sinne. Schwanger eingelieferte Frauen brachten Kinder ins Licht dieser fürchterlichen Welt. Kaum entwöhnt, wurden die weggebracht. Und niemand wusste wohin.

Manchmal auch kamen die Totengräber, um eine Verstorbene für den letzten Gang in dieser Welt abzuholen. Das war für alle ein freudiger Tag. Sie lobten Gott mit Psalmliedern und fröhlichen Gebeten und dankten für die Befreiung einer Schwester.

Doch auf dem Grunde ihres Herzens blieb Trauer, denn alle wussten, dass Befreiung nur auf diesem Wege zu erlangen war; solange der König seine Häscher durch das Land streifen ließ, und solange es freundliche Nachbarn gab, die sich ein wenig Geld verdienten durch das Anzeigen solcher Orte, an denen protestantische Gottesdienste gehalten wurden und der Häuser, in denen protestantische Mitbürger wohnten - die womöglich gar noch eine Bibel besaßen, aus der sie regelmäßig mit anderen Menschen lasen.

Ein anderer König hatte einst dem evangelischen Glauben für ewige Zeiten und unwiderruflich die Gleichberechtigung zugesichert. Doch schon sein Nachfolger hatte evangelischen Eltern die Kinder wegnehmen und sie in katholischen Klöstern erziehen lassen.

Das hatte der Bewegung übrigens keinen Abbruch getan.

Aus den katholischen Klöstern kamen die glühendsten Kämpfer für die hugenottische Sache.

Dann hatte der allerchristlichste König zu Paris damit begonnen, evangelische Gottesdienste überfallen zu lassen. Die Männer kamen auf die Galeere. Die Frauen in Gefängnisse - oder auch in Bordelle, die es am Hofe, bei der Armee und sogar in manchem katholischen Bischofspalast gab.

Die ersten der Frauen in unserem Turm waren vor weit einem Jahrzehnt hergebracht worden.

Oben auf dem Turm gingen die Wachen. Sie hatten wenig Freude an dem herrlichen Ausblick über die weite Landschaft. Bei schönem Wetter konnte man die Schiffe auf dem Mittelmeer sehen.

So mancher von den Männern drehte durch und erbat seine Versetzung.

Die glaubensstarken Lieder der Gefangenen und die blutgierigen Mücken waren nicht zu ertragen.

Während die freien Soldaten über ihr Schicksal fluchten, sangen die gefangenen Frauen unverdrossen ihre Psalmen, beteten für den König und lobten Gott.

Besonders der Name einer unter ihnen ist mit Goldenen Lettern im Buch des französischen Protestantismus eingeschrieben: Marie Durand - die Mutter der Frauen vom Turm der Bekennerinnen. Sie ist insgesamt 36 Jahre dort gewesen.

Eines Tages also wurden wieder einmal die Riegel zurückgeschoben und die schwere Tür quietschte in ihren Angeln. Die Frauen unterbrachen ihre Gespräche und schauten gespannt gegen die eindringende Helligkeit. Soldaten stießen eine blutjunge Frau auf das muffige Stroh und rammten die Tür von außen wieder zu. Die junge Frau war schmal und bleich wie ein Engel. Doch ihre Augen waren leer wie Augen, denen die Tränen schon lange ausgegangen sind. Ihre Haare und Gewänder waren über und über voller Staub. Die Schwestern schlossen sie in die Arme und versuchten, mit ihr zu sprechen. Sie ließ alles mit sich geschehen wie eine Puppe, die keinen Willen hat. Marie Durand brachte Wasser. Die neue trank ein paar Schluck. Mit dem Rest ließ sie sich notdürftig waschen. Erst am nächsten Tag brach nach und nach ihre Geschichte aus ihr heraus.

In einem dunklen Waldstück der Cevennen war sie vor 14 Tagen in einer evangelischen Trauung ihrem Jaques anvertraut worden. Auf dem Heimweg waren plötzlich überall Soldaten gewesen. Die hatten alle mitgenommen. Sie wußte nicht, was aus den anderen geworden war. Sie hatte nur noch das schiefe Gesicht eines Nachbarn in Erinnerung, der sie um Verzeihung gebeten hatte.

Sie wusste auch nicht, was mit Jaques geschehen war. Die Soldaten hatten irgendwas von "prächtigem Galeerenfutter" gegrölt, das ihnen viele Luisdor bringen würde. Und am Abend, in irgendeinem lausigen Armeecamp, hatten sie sich über sie lustig gemacht: Sie wüssten schon, was eine junge Braut bräuchte, und hatten ihr Gewalt angetan.

Mit anderen war sie tagelang über staubige Straßen getrieben worden, bis sie allein endlich hier gelandet sei. Und nun sei ihr Herz voller schwarzer Rachegedanken. Aber darum habe sie schlechtes Gewissen. Denn auch die Soldaten seien Gottes Kinder - verirrte und verführte

gewiss. Doch sie könne für sie nicht mehr beten und nicht mehr für einen König, der so etwas zulässt und befiehlt.
Die Schwestern schwiegen betroffen. Irgendwo fand sich ein Kissen, das sie ihr hinschoben. Sie wollte es aber nicht haben. Sie wollte überhaupt nichts mehr haben. Sie sei so gut wie tot. Marie strich über ihre Haare: "Schwester Josephine, wir leiden mit dir. Hier sind Schwestern, denen ist es nicht anders gegangen als dir."
"Ja, aber wo ist Gott?" begehrte Josephine auf. "Wir haben doch keinem Menschen etwas getan! Ich habe meinen Bruder selbst zurückgeholt, als er in die Berge wollte, gegen die Königlichen zu kämpfen!"
"Unser Auftrag ist nicht der Kampf mit der Waffe", wandte Marie ein. "Unser Auftrag ist der Kampf mit dem Wort und dem Glauben."
"Aber du siehst doch, was draus wird! Sie machen uns fertig. Wir werden immer weniger. Unsere Gemeinden liegen am Boden. In unseren Häusern wohnt die Angst - oder die Gleichgültigkeit. Immer mehr Nachbarn schließen sich der mächtigen Mehrheit an. Der mich verraten hat, war nicht der einzige. Für Geld verrät heute fast jeder den Nachbarn oder die Geliebte. Ich bin tot. Unsere Sache ist tot. Unser Glaube ist tot. Unsere Gemeinden sind tot!"
"Das ist nur der äußere Schein, "sagte Marie. "Denk an Jesus, der wie ein Hirte war zu seinen Jüngern. Aber als er nicht mehr da war, sind sie auseinander gelaufen, wie eben Schafe tun, die keinen Hirten haben."
Und dann summte sie ein paar Töne. Andere summten mit. Und plötzlich erkannte Josephine die Melodie: Der 23. Psalm "Der Herr ist mein Hirte". Sie begann, die alten Worte zu singen. Und die Schwestern fielen ein. Und auf einmal war es, als schiene ein überirdisches Licht in das Verlies.
"Und ob ich schon wanderte in finsterm Tal, ich fürchte mich nicht, denn dein Stecken und Stab sind bei mir, trösten mich."
"Woher habt ihr solche Kraft?" fragte Josephine, als der Gesang zu Ende war.
"Von Jesus, der unseren Weg vorangegangen ist," antwortete Marie. "Schau, er hat sein Blut vergossen, damit wir Kraft bekämen, auf seinem Weg zu bleiben, auch wenn es für uns um Blut und Gut geht. Das ist nicht äußerlich. Das ist innerlich. Wir wissen, dass Jesus nicht bei den Toten geblieben ist. Wir wissen, dass Gott ihn heraufgeführt hat von den Toten, damit *die* Lust am Leben bekommen, die man heute totschlägt, verbannt, verbrennt, verfolgt, verlacht. Schau dir doch die Soldaten an! Sie haben nur ihre Waffen. Wenn du ihnen ein bisschen Geld gibst, tun sie alles - übrigens auch für uns. Aber was ist das für ein Leben, das bloß dann in Bewegung kommt, wenn es um Geld geht?! Der Gott des Friedens gibt uns Kraft, Gutes zu tun, seinen Willen zu tun - auch wenn wir manchmal noch nicht sehen, wohin alles führt. Du musst den Weg antreten, dann wirst du das Ziel sehen. Wenn du Gottes schweren Weg nicht gehst, kommst du nie an das von ihm in der Bibel versprochene Ziel."
"Ja, aber," wandte Josephine schüchtern ein, "wie ist es denn mit der Macht und der Zukunft? Werden nicht immer die obsiegen, die die stärkeren Waffen haben? Es hört doch jetzt schon

keiner mehr auf die Stimme des Evangeliums. Es kümmert sich doch jetzt schon kaum einer mehr um die Not des Nächsten!"

"Ach, Josephine," sagte Marie, "der Weg ist so weit und so schwierig, dass wirklich nur die ihn durchhalten, die zusammenhalten, und die den Glauben nicht verkaufen für Geld. Wir können dir die Liebe zu Jaques nicht ersetzen. Aber wir haben hier eine andere Liebe. Die ist höher als alle Vernunft. Es ist die Liebe Christi. Und die führt uns alle zum Leben. Falte die Hände - ja, auch für den König, für seine verrückten Beamten und für die egoistischen Nachbarn - und sing unsere Lieder mit. Du wirst sehen - die Erlösung der Welt ist gar nicht so weit weg."

Und dann umarmte Marie Josephine und drückte ihr einen innigen Kuss auf die Stirn. Und Josephine hatte plötzlich das Gefühl, dass in dieser Umarmung und in diesem Kuss die Liebe Christi liegen könnte, die unserer Welt so fehlt.

AMEN

Kantate - **OFFENBARUNG 15,** 2-4 – Arsynias Traum

Liebe Gemeinde!

Arsynja wachte auf. War es eben noch völlig dunkel um sie gewesen, so fand sie sich plötzlich in einem lichtüberfluteten Raum. Einen Moment brauchte sie, um sich zurechtzufinden.

Es war ein unendlicher Raum: Der Himmel weit über ihr, ein Ende nicht absehbar.

Und nirgends schien ein Punkt zu sein, an dem sie sich orientieren konnte.

Was sie zuerst wahrnahm, war ein Klingen und Singen. Aber sie konnte nicht ausmachen, woher das Klingen kam und wer da sang. Und sie wusste auch nicht, woher sie gekommen und wie sie hierher gekommen war. Hatte sie nicht eben noch auf dem Sterbebett gelegen, die Finger schmerzhaft ineinander verklammert?

Hatte sie nicht eben noch die flaumleichte Greisenhand ihres letzten und einzigen Freundes Nikolai auf der Decke verspürt, und wie einen verschwindenden Schatten sein zerknittertes Gesicht mit den feuchten Augen mehr geahnt als gesehen?

Und hatte sie nicht eben beschlossen, dem Tod auch eine gute Seite abzugewinnen? Denn er war das Ende eines schändlichen Lebens, in dem sie viel Verfolgung, Wirrsal und Hoffnungslosigkeit kennen gelernt hatte? Wer zählte noch die falschen Führer, denen sie vertraut und gedient hatte, bis sie sie als Betrüger durchschaut und den Glauben an sie aufgekündigt hatte?

Die anderen hatten zischelnd den Finger auf den Mund gedrückt, wenn sie lauthals die Internationale anstimmte, obwohl sie wusste, dass der Goldfasan, der den jüdischen Laden im Parterre übernommen hatte, seinen Parteigenossen mehr zu erzählen liebte, als für andere Menschen gut war.

Und als sie dann tatsächlich im Gefängnis gelandet war, brachte sie die Wärter aus der Fassung, indem sie hintereinander alle Gesangbuchlieder sang, die sie auswendig wusste. Einmal hatte sie es sogar vom Frühstück bis zum Mittagessen geschafft, ohne ein Lied zweimal zu singen - mit kleinen Pausen zwischendrin freilich, in denen sie sich auf die Strophen besinnen musste.

Diese paar Wochen im Gefängnis hatten ihr dann später eine kleine VVN - Rente beschert. Aber vorher hatte man sie überall noch herumgezeigt als Widerstandskämpferin und Aktivistin der ersten Stunde. Ja, und dann kam der Tag, als sie vom Bezirkssekretär ausgezeichnet werden sollte. Doch der war krank geworden und hatte irgendeinen politischen Mitarbeiter geschickt.

Es hieß, sie würde sich freuen, weil sie ihn von früher kenne.

Und ob sie ihn kannte! Das Parteiabzeichen war noch am selben Fleck; aber es war ein anderes. Und fetter war er auch geworden. Er hatte es plötzlich sehr eilig. Doch konnte sie ihn immerhin noch fragen, ob er immer noch seinen Genossen so viel über andere Leute erzählt. Sie sah den entsetzten Blick in den Augen der Umstehenden. Aber da war die Frage schon raus. Kurze Zeit später wurde sie in die hinterste Abteilung des Materiallagers versetzt und nie wieder zu einer Versammlung eingeladen. Sie vertrieb sich wieder die Zeit mit Singen. Sobald sie ein Lied anstimmte, war sie nicht mehr allein. Manchmal raschelte es nebenan, als wenn da jemand zuhörte, und manchmal brummelte sogar eine zweite Stimme mit.

Da war es auch, dass sie durchdrückte, dass ihr Patenkind konfirmiert wird.

Die Eltern hatten hundert Wenn und Aber, doch gaben sie sich schließlich geschlagen.

Als es dann nichts wurde mit der Lehrstelle als Autoschlosser, gaben sie ihr die Schuld und erklärten ihr, sie wollten sie mit ihrem religiösen Tick nie mehr sehen.

Ungefähr von dieser Zeit an stand sie bei jedem Wind und Wetter mit der Sammelbüchse vor dem Bahnhof. Aus lauter Angst vor ihren frechen Sprüchen steckte mancher gute Bekannte, der sich eigentlich heimlich vorbeidrücken wollte, was hinein.

Das Patenkind übrigens war statt Autoschlosser Pfarrer geworden, und hatte sie noch manchmal besucht.

Vor kurzem erst erzählte er von einem komplizierten Streit um ein Stück Kirchenland, auf das eine rheinische Immobiliengesellschaft ein Auge geworfen hatte. Der Vertreter für die neuen Bundesländer hatte jetzt einen Prozess gegen die Kirchengemeinde angezettelt. Sie glaubte ihren Ohren nicht zu trauen, als sie seinen Namen hörte.

Das war übrigens die letzte Freude ihres elenden Lebens gewesen: Ihrem Patenkind ein paar Geschichten über einen gewissen Menschen zu erzählen, und ihm das Versprechen abzunehmen, dass er diese Geschichten - wenn jener gewisse Mensch es gar zu arg treibt - einem Zeitungsfritzen weitererzählt.

Und dann war alles Schlag auf Schlag gekommen. Sie hatte gewusst, dass alles zu Ende ist.

Und jetzt stand sie in diesem unfassbar weiten Raum und hörte dieses Singen und Klingen, das immer mehr an alte Kirchenlieder erinnerte - ganz alte, längst vergessene.

Klagende Töne dabei wie von einem jüdischen Kantor, der der Toten von Auschwitz gedenkt.

Jauchzende Töne dabei, wie von Gefangenen und Gefolterten, deren Gefängnis zu Trümmern gegangen ist und deren Unterdrücker untergegangen sind.

Jubelnde Töne dabei wie von Geflüchteten und Gequälten, die gehört haben, dass keine Bomben mehr fallen und die Armeen sich geschlagen gaben.

Und sie meinte jetzt auch, den einen oder anderen zu erkennen:
Die Frau des jüdischen Kaufmanns, die sich nicht hatte scheiden lassen, und darauf mit ihm abtransportiert worden war. Die Schüler der Schulklasse, die den Kriegsdienst verweigerten und daraufhin ein halbes Jahr vor dem Abitur aus der Schule geflogen waren.
Den Kirchenältesten, der durchgesetzt hatte, dass man eine Asylbewerberfamilie, die seelenlose Bürokraten auseinander reißen wollten, in der Kirche versteckt.
Und noch viele andere waren da, die sie bisher nur gemalt oder geschnitzt gesehen hatte: Menschen, die um ihres Glaubens willen alles gewagt hatten und dafür gestorben waren - hier schienen sie höchst lebendig. - Und alle sangen.
Jetzt wanderte ihr Blick nach unten. Was sie dort sah, machte sie zuerst schaudern.
Aber beim zweiten Blick sah sie, dass diese Wellen, die sich gegen die Menschen wie Flammen aufbäumten, starr und tot waren - gleichsam aus Glas.
Und in diesen gläsernen Flammenwellen entdeckte sie zerbrochene Symbole zerbrochener Mächte:
Zerrissene Fahnen, demolierte Waffen, zerbeulte Rüstungen und Uniformen, zerfetzte Geldscheine.
Alles, was einst so bedrohend lebendig gewesen - hier war es starr und tot.
Alles, was einst so in Angst und Schrecken versetzt hatte - hier war es wie in einem Museum für Abraum und Abschaum in Glas und hinter Glas zu sehen.
Und eine unbändige Freude durchströmte ihren ganzen Körper.
Jung, stark und fröhlich fühlte sie sich wieder.
Und in ihrem Kopf formte sich der Gedanke: Nichts war umsonst. Nichts war überflüssig und unnötig.
Und wenn sie manchmal Zweifel gehabt und die Richtung verloren hatte - hier fand sich alles zusammen und zurecht. Hier vollendete sich, was in ihrem Leben so abgebrochen und rätselhaft gewesen war.
Und sie stimmte ein in den unendlichen Urgesang derer, die überwunden haben; in den Lobgesang Gottes, der schon längst gesiegt hat - auch auf der schändlichen, traurigen Erde, wo man das immer noch nicht wahrhaben will und immer noch die Fahnen flattern läßt und die Parolen predigt und mit Geld knistert.
Sie stimmte ein in den unendlichen Lobgesang der Kinder Israels, die das Rote Meer hinter sich haben und trockenes Neuland beschreiten, auf dem ihre Füße gehen und ihre Augen strahlen können: **Groß und wunderbar sind deine Werke, Herr, allmächtiger Gott! Gerecht und wahrhaftig sind deine Wege, du König der Völker. Wer sollte dich, Herr,**

nicht fürchten und deinen Namen nicht preisen? Denn du allein bist heilig! Ja, alle Völker werden kommen und anbeten vor dir, denn deine gerechten Gerichte sind offenbar geworden.

Liebe Gemeinde!

Leider müssen wir die Arsynia jetzt allein lassen. Doch sie ist ja in Wirklichkeit gar nicht allein.

Wir sind allein, weil wir die wahre Welt Gottes immer nur in Bildern und Symbolen sehen können - so wie es der Seher Johannes in der Zeit der römischen Christenverfolgungen tut.

Und er weiß, dass nicht die den Sieg haben, die sich heute so mächtig und stolz aufführen.

Sondern Gott hat den Sieg, und die zu ihm halten.

Und wenn wir miteinander singen, so ist das schon ein Klingen aus jener Welt, in der wir einst vollendet sein sollen.

AMEN

Trinitatis - 2. Korinther 13, 11-13 – Besuch in Afrika

Liebe Gemeinde!

Es war spät geworden und es war heiß geworden am letzten Tag des Besuches einer Delegation europäischer Kirchen in der ökumenischen Gemeinde von Nbangu. Die Gäste aus dem hohen Norden sahen schon längst nicht mehr auf die am Anfang so tapfer durchgehaltene Etikette.

Die Krawatten lagen im Koffer. Die Hemden waren offen und trotzdem verschwitzt. Selbst den afrikanischen Gastgebern war die Hitze anzumerken. Doch alle freuten sich schon auf den letzten Punkt des Besuchsprogramms: Den feierlichen Gottesdienst.

Als man von der Schule und der Krankenstation zur Kirche hinüberging, war die schon gut gefüllt.

Aber weiterhin zogen unübersehbare Ströme fröhlicher, festlich gekleideter Menschen heran. Schließlich konnte die kleine Buschkirche die Menge der Gottesdienstbesucher nicht mehr fassen. Aber denen, die draußen bleiben mussten, schien das gar nicht viel auszumachen.

Irgendwann nahm der Gottesdienst seinen Lauf. Chöre sangen. Selbst einen Posaunenchor gab es. Der blies: "Ich bete an die Macht der Liebe".

Dann wurde plötzlich eine Szene gespielt. Die Besucher jedenfalls hielten es für ein Anspiel zur Predigt. Sie konnten nur so viel verstehen, dass zwei Menschen aufgeregt aufeinander einredeten. Dann wurden sie vom Pfarrer getrennt. Der sprach aber nur ein paar Worte. Und dann gab es eine heftige Diskussion in der Gemeinde. Selbst von draußen kamen einige und mischten sich ein.

Einige gingen nach vorn und strichen dem einen der beiden Streitenden über den Kopf, oder redeten laut auf den anderen ein. Schließlich fielen sich die beiden um den Hals, gaben sich die Hand und setzten sich nebeneinander mitten in die Gemeinde, nachdem der Pfarrer noch einige eindringliche Worte an sie gerichtet hatte.

Dann kam auch die Predigt; und die Grußworte der ökumenischen Gäste; fröhliche Lieder - kurz: der Gottesdienst ging weiter, wie erwartet. Bis zum Abendmahl.

Das Brot und der Kelch wurden gesegnet. Fröhlich um den Altar tanzend nahm die Gemeinde am heiligen Mahle teil. Und jeder, der nach vorn kam, warf eine Münze oder einen Schein in eine Schale - für ein Röntgengerät für die Krankenstation (den Rest wollten die Europäer drauflegen).

Aber was dann geschah, war wieder verwunderlich: Jeder, der vom Abendmahl zurückkam, ging zu irgendeinem anderen hin und gab ihm einen Kuss.

Die würdigen Herren aus Deutschland, Norwegen und England konnten sich kaum retten, so viele Küsse bekamen sie. Und immer noch ging es weiter: Filzige Rauschebärte würdiger Greise, kratzende Wangen jüngerer Männer, knochige Gesichter hagerer Frauen, schwellende Brüste reifer Matronen. Alles drückte und presste sich an sie. Sie wussten - je länger, desto weniger - wo sie bleiben sollten.
Solches waren sie nicht gewohnt. Und sie wussten nicht damit umzugehen. Aber wennschon sie es befremdlich fanden: sie wollten den Leuten den Spaß nicht verderben, auch wenn sie solche Abendmahlsbräuche von zu Hause her nicht kannten. Dort gab man sich höchstens mal die Hand. In der Regel aber ging jeder so einsam wieder zum Platz, wie er zum Altar getreten war.
Über ihrem Grübeln ob der merkwürdigen Küsserei nahmen sie nur obenhin wahr, dass der Gottesdienst sich dem Ende zuneigte. Und als der Segen gesprochen war und die fröhliche Gemeinde sich singend auf den Heimweg machte, saßen sie noch immer da wie die begossenen Pudel.
Schließlich trat der Bruder Nguma auf sie zu. Den Talar hatte er inzwischen abgelegt. Und er hatte wohl gespürt, dass die Herren etwas bedrückte. Er wollte sie eigentlich nur einladen zum kleinen Kaffeetrinken nach dem Gottesdienst, in dem der Ertrag des Besuches noch einmal besprochen werden sollte. Doch hier schien es noch etwas anderes zu geben, das im kleinen Kreise zu bereden war.
Konsistorialrat Braunschweiger aus Deutschland eröffnete die Runde: "Sagen sie, Bruder Nguma, im großen und ganzen verlief der Gottesdienst ja nach der lutherischen liturgischen Ordnung.
Aber die Szene mit den beiden Männern ist uns nicht recht erklärlich. Und dann dieses befremdliche Küssen! Meinen Sie wirklich, dass unser Herr Jesus Christus an so etwas Freude gehabt hätte?"
Bruder Nguma sah ratlos drein. "Was ist Ihnen an unserem Gottesdienst fremd gewesen? Dass viele Leute kommen, wenn die Gemeinde feiert, müsste in Ihrem christlichen Europa doch selbstverständlich sein."
Als Mr. Aberdeen aus England die Hand hob, setzte er schnell hinzu: "Ich weiß, ich weiß - die europäischen Christen halten nicht viel vom Gottesdienst. Aber sie unterstützen doch die Arbeit der Kirchen mit sehr viel Geld. Und nur darum könnt Ihr uns helfen. Das ist doch auch gut. Aber haben die europäischen Christen auch die Bibel richtig gelesen?"
Bischof Erikson schaltete sich ein: "Daran kann wohl kein Zweifel sein: So wie die Japaner in der Wirtschaft und die Amerikaner in der Politik haben die Europäer in der Theologie

unbezweifelbar die Führung. Auch in unseren Gottesdiensten werden neue Gestaltungselemente und Formen erprobt. Eine Diskussion über zwei Menschen - das gebe ich zu - ist ungewöhnlich. Aber das Küssen irgendwelcher Fremden ist geradezu befremdlich. Bedenken Sie doch: Irgendwelche Frauen küssen irgendwelche Männer! Irgendwelche Männer küssen irgendwelche Frauen! Aber Ihr Afrikaner erregt euch über unsere Sittenlosigkeit, wenn Ihr in unseren Städten die Zeitungsauslagen seht."

Bruder Nguma war sichtlich ratlos: "Wenn mir nicht die Höflichkeit Zurückhaltung geböte, würde ich fragen, was unser Gottesdienst mit Eurem Konsum - Sex zu tun hat. Sagt Ihr nicht selber am Anfang mancher Predigt: '**Die Gnade des Herrn Jesus Christus und die Liebe Gottes und die Gemeinschaft des heiligen Geistes sei mit euch allen!**?'

Wie drückt Ihr in Europa denn Liebe aus, wenn nicht mit Küssen? Ist bloß das Liebe, was nackte Menschen auf Zeitungsfotos tun? Oder reicht es euch, von der Liebe bloß zu reden?

Man muss sich doch ein Zeichen der Liebe geben! Schon der Apostel Paulus hat gesagt: **Grüßt euch untereinander mit dem heiligen Kuss**. Und überhaupt steht es in der Bibel, dass man Liebe tun und nicht bloß drüber reden soll!"

Dann wurde Nguma nachdenklich. Aber an der Schläfenader konnte man sehen, dass es noch immer in ihm arbeitete. Und dann sprach er: "Vielleicht seid Ihr verdorben durch Eure böse Erfahrung. Bei jedem Kuss, der nicht zur körperlichen Liebe gehört, fürchtet Ihr gleich einen Judaskuss. Manche Eurer Politiker haben Euch ja da auch ganz schön betrogen. Aber wir Afrikaner müssen unsere Liebe zueinander in sichtbaren Zeichen und Gesten ausdrücken."

Nun ergriff Konsistorialrat Brauschweiger wieder das Wort:

"Was die beiden Herren da vorspielten, sah aber gar nicht nach Liebe aus."

"Ach, das meinen Sie," erwiderte Nguma erleichtert. "Das verstehen Sie vielleicht auch nicht - obwohl: So was steht auch schon in der Bibel. Wenn es in der Gemeinde ein Problem gibt, soll man es zunächst unter Beteiligung einiger Brüder zu lösen versuchen; und wenn das nichts wird, soll man es vor die Gemeinde tragen, ehe man Außenstehende zu einem Urteil anruft.

Die beiden hatten ein Grundstücksproblem. Das hatten sie schon von ihren Vorfahren geerbt. Und darüber hatten die Familien sich entzweit. Keiner wollte nachgeben. Und keiner konnte nachgeben, ohne sein Gesicht zu verlieren. Da haben sie ihren Streit vor die versammelte Gemeinde getragen. Und was soll ich sagen: Sie haben sich zur Vernunft mahnen lassen und sind im Frieden auseinander gegangen. - Stellen Sie sich vor: Zwei seit Generationen verfeindete Familien haben heute in diesem Gottesdienst ihren alten Streit für immer begraben! Wenn das kein Grund zur Freude ist!

Behandelt Ihr in Europa solche aktuellen Fragen, die die Gemeinde zerreißen, etwa nicht im Gottesdienst?"

Die drei Herren aus dem Norden murmelten etwas Unverständliches und meinten, dass es nun wohl an der Zeit sei, zur Kaffeetafel zu schreiten. Sie standen auch auf und schickten sich an zu gehen.

Doch diesmal war es Nguma, der nachdenklich sitzen blieb: "Was meinen Sie eigentlich, wenn Sie den Segen über der Gemeinde sprechen? Meinen Sie nicht, dass die Leute anders aus dem Gottesdienst hinausgehen sollten als sie zum Gottesdienst hereingekommen sind?

Haben Sie nicht die Freude gesehen, in der die Leute nach Hause gegangen sind?

Solch eine Freude kann doch nur aufkommen, wenn wirklich etwas neu und anders geworden ist:

Die nicht weiterwussten, haben sich zurechtbringen lassen; die störrisch waren, haben sich ermahnen lassen; die in Zwietracht hergekommen sind, sind in Eintracht nach Hause gegangen.

Ich weiß, wir haben hier nicht das Himmelreich auf Erden. Aber ein bisschen vom Gottesreich bekommen wir schon zu schauen, wenn Segen wirklich und wirksam wird in der Gemeinde und drüber hinaus. Und wenn das nicht wäre, wüssten wir gar nicht, wieso wir uns noch Christen nennen sollten, die an Gott, den Vater, den Sohn und den Heiligen Geist zu glauben vorgeben."

"Jaja," bestätigten die Herren aus Europa, "nur mit der Gnade Jesu Christi und der Liebe Gottes und in der Gemeinschaft des Heiligen Geistes können wir etwas finden, das den Namen "Leben" verdient."

AMEN

1. nach Trinitatis - **5. Mose 6**,4-9 – Zwei Freunde

(Textverlesung während der Predigt)

Liebe Gemeinde!

John und Jeremy sind gute Freunde. Schon seit vielen Jahren.

Manche wundern sich drüber, weil der eine Katholik ist und der andere Jude.

Aber sie leben im gleichen Stadtteil in New York. Und beide sind leidenschaftliche Baseball-Fans. Und damit hatte ihre Freundschaft auch angefangen.

Vor vielen Jahren spielte die jüdische Schule gegen die katholische. Dabei hatte ein bekannter Jugendtrainer zugesehen, der Leute für eine City- Mannschaft suchte. Dem waren die beiden Jungen aufgefallen, und er hatte sie in eine Mannschaft geholt, in der sie bald die besten Spieler und auch die besten Freunde geworden waren.

Aber das ist - wie gesagt - schon eine ganze Weile her.

Inzwischen interessieren sie sich mehr für schwere Motorräder und Mädchen. Einmal hatte es wegen einer Freundin auch eine Verstimmung gegeben. Aber die Freundschaft hatte die Liebesprobleme überstanden.

Jeder geht im Elternhaus des anderen ein und aus, als sei es das eigene Zuhause.

Und so weiß der Jude bestens Bescheid über Kruzifixe und Rosenkränze - auch wenn die Familie von John nicht sehr katholisch ist und nur selten zur Messe geht.

Und der Katholik war schon einmal Gast zum Passahfest in der Familie Jeremys gewesen. Allerdings ist ihm vieles fremd geblieben. Und um so eine Sache geht es auch heute wieder.

"Sag mal," fragt John, "warum fasst du immer dieses merkwürdige kleine Röhrchen am Türpfosten an, wenn du in das Haus gehst, oder herauskommst?"

"Das ist unsere Mesusa" antwortet Jeremy knapp.

"Egal, wie das Ding heißt - warum fasst du es an?"

"Na, unsereinem ist das nicht egal", wehrt sich Jeremy.

"Für mich ist es wichtig, dass ich weiß: Gott ist in unserem Haus. Und Gott ist mit mir, wenn ich das Haus verlasse."

"Wohnt Gott in diesem kleinen Ding?" spottet John.

"Quatsch," wehrt sich Jeremy, "das ist wie mit den Riemen, die ich dir schon einmal gezeigt habe."

"Ach ja," erinnert sich John, "damals bei deiner Bar Mizwa, oder wie die Firmung bei euch heißt, da hast du ja solche schwarzen Lederriemen am Arm und am Kopf gehabt, als du in der alten Schriftrolle gelesen hast. Ich glaube, da war auch noch so ein schwarzes Kästchen dran. Da habe ich mich damals schon gewundert. Aber du hast dich ja auch über das Salböl gewundert, mit dem wir ein Kreuz auf die Stirn bekommen haben. Und was hat nun dieses kleine Röhrchen mit diesen Riemen zu tun?"

"Na, das ist eigentlich dasselbe."

"Wieso? Das Röhrchen ist an eurer Tür, die Riemen sind an deinem Arm und Kopf. Wenn die bloß am Kopf wären, hätte ich gedacht: Beides muss auf Holz sein."

Jetzt wird Jeremy ein bisschen wütend: "Du hast ja keine Ahnung! Da sind Worte drin, die jeder Jude aus dem Kopf kann!"

"Was, bloß Worte?" amüsiert sich John. "Und wie sind die Worte da drin? Haben die Flügel? Hast du die eingesperrt?"

"Sag mal, hast du heute deinen blöden Tag?" zürnt Jeremy, "Natürlich stehen die Worte auf einem Papier. Das ist sogar ziemlich wertvolles, handgemachtes Papier. Und die stehen in hebräischen Buchstaben drauf. Und die werden seit alter Zeit bloß von ganz bestimmten Leuten mit Naturfeder und Naturtinte draufgeschrieben."

"Und so was hat jeder Jude am Türpfosten, an Armen und am Kopf?" will John wissen.

Jeremy kratzt sich den Kopf: "Ja, also, am Türpfosten ist es für die ganze Familie, und die Tefilin - die Riemen eben - die tragen eigentlich bloß Männer."

"Los, wir gucken mal nach, was das für Worte sind!" sagt John und hat schon sein Taschenmesser in der Hand.

"Untersteh dich!" wehrt ihm Jeremy. "Du nimmst hier nichts auseinander! Ich sage doch: Ich habe die Worte sowieso im Kopf. Und du kannst die hebräischen Buchstaben sowieso nicht lesen. Also warum willst du hier was kaputtmachen?"

"Eh, sag mal:" will John wissen, "ist das so was wie ein Glaubensbekenntnis, weil du sagst, jeder Jude könne das auswendig; so was, was wir auch im Unterricht pauken mussten:
'Ich glaube an den einen Gott, den Vater, den allmächtigen..' ähem, wie ging es doch gleich weiter?"

"Wir mussten das nicht im Unterricht pauken. Wir konnten das." wendet Jeremy ein.

"Woher könnt ihr das?" will John wissen. "Irgendwann muss man alles mal pauken, was man später wissen soll!"

Jeremy räuspert sich ein wenig unsicher: "Ich weiß auch nicht mehr. Ich konnte das eben. Solange ich mich erinnern kann, hat mich der Vater am Sabbat - aber auch sonst manchmal, wenn er Zeit hatte - auf den Schoß genommen, und die alten Worte gesprochen. Er hat gesagt: Es sind ganz alte Worte, an denen die Juden einander und ihren Glauben erkennen. Die wichtigsten Worte vielleicht, die ein Jude überhaupt weiß. Und dann klang seine Stimme so, als ob er ein Gedicht aufsagte. Und so haben sich mir die Worte eingeprägt."

"Das ist ja toll!" staunt John. "Mir hat mein Vater gesagt, dass er mir als kleinem Kind gern Märchen erzählte. Und am liebsten hätte ich das Märchen vom Wolf und den sieben Geißlein gehabt. Immer wieder musste er das erzählen. Aber ihm sei es irgendwann langweilig geworden. Und da habe er immer kleine Änderungen eingebaut. Und bei jeder Änderung hätte ich geschrieen: 'Nein, das ist nicht richtig! Richtig Wolf zählen!'"

Jetzt muss Jeremy lachen: "Meinem Vater wäre nie in den Sinn gekommen, die alten Worte zu verändern oder zu verdrehen. Sie waren ihm viel zu wichtig: Für sich selber und für andere. Das war umgekehrt als bei dir: Er hat mich die Worte aufsagen lassen, bis ich sie fehlerfrei konnte."

"Nun sag endlich, was das für tolle Worte sind!" drängt John.

"Na gut," gibt Jeremy zu, "aber wenn du lachst, oder auch nur ein blödes Gesicht machst, höre ich sofort auf. Und dann kannst du meinetwegen gehen, wohin du willst. Überleg's dir!"

Aber John ist jetzt ganz ernst. Und Jeremy rezitiert die alten Worte so, wie er sie von seinem Vater - und der von seinem Vater - überkommen hat:

Höre, Israel, der HERR ist unser Gott, der HERR allein. Und du sollst den HERRN, deinen Gott, lieb haben von ganzem Herzen, von ganzer Seele und mit all deiner Kraft. Und diese Worte, die ich dir heute gebiete, sollst du zu Herzen nehmen und sollst sie deinen Kindern einschärfen und davon reden, wenn du in deinem Hause sitzt oder unterwegs bist, wenn du dich niederlegst oder aufstehst. Und du sollst sie binden zum Zeichen auf deine Hand, und sie sollen dir ein Merkzeichen zwischen deinen Augen sein, und du sollst sie schreiben auf die Pfosten deines Hauses und an die Tore.

Die beiden Jungen sind eine Weile still.

Dann fragt John: "Und woher hat dein Vater diese Worte?"

"Na, du kannst vielleicht fragen!" sagt Jeremy, "Die stehen in der Bibel! Wo denn sonst wird von dem einzigen Gott geredet, der ständig um uns ist? Du gibst immer so an mit deinen Pfarrern und deiner Kirche, die angeblich so viel von der Bibel wissen. Du erzählst immer wieder von irgendwelchen Leuten, die ständig Bibelsprüche auf den Lippen haben. Und wenn du dein eigenes Glaubensbekenntnis aufsagen willst, bleibst du stecken!"

"Mein Vater sagt immer, dass die Juden deswegen in Europa so verfolgt worden sind, weil sie an alten Überlieferungen klebten und sich nicht anpassen konnten."

"Das halte ich für Quatsch." widerspricht Jeremy. "Wie hätten wir all die Verfolgung und Zerstreuung überleben können, wenn wir uns nicht immer wieder an der alten Überlieferung festgehalten und wieder erkannt hätten? Ich kenne auch eine ganze Menge Christen, die Angst haben vor fremden Meinungen und neuen Entwicklungen und sich in ihre alten Ansichten einigeln wie in Bunker."

"Ach, laß uns jetzt nicht die guten Juden und die schlechten Christen, oder die guten Christen und die schlechten Juden gegeneinander ausspielen!" schlägt John vor. "Ich kenne auch eine ganze Reihe Juden, die das Geld mehr lieben als Gott."

"Ja," sagt Jeremy, "das ist auch bei uns immer die Diskussion: Soll man sich auf Gott allein verlassen, oder soll man dem lieben Gott doch ein bisschen auf die Sprünge helfen? Gibt es vielleicht andere Dinge, die genauso oder vielleicht noch wichtiger sind als Gott? - Aber mein Vater meint: Wenn man auf Gott ganz felsenfest vertraut, dann kommen auch die Dinge im Alltag in Ordnung. Denn Gott sieht weiter als wir. Wir klammern uns immer an schnellen Lösungen und sichtbaren Erfolgen fest. Und wir leben in einer Gesellschaft, der alles egal ist - wenn nur einer clever seinen Weg geht, und sei es auf Kosten der anderen, dann wird Gott schon mit ihm sein.

Aber grade die alten Worte erinnern uns immer wieder daran, dass Gottes Pläne manchmal ganz anders sind als unsere.

Und darum sei es gut, wenn man viele von den alten Worten auswendig wüsste - denn besseres wissen die Parolenschmiede von heute auch nicht. So sagt mein Vater immer. Und das Wort von den Parolenschmieden hat mir besonders gut gefallen."

Jetzt ist John ganz nachdenklich geworden.

"Wir haben über den Priester immer gelacht, wenn er uns allerlei zum Auswendiglernen aufgab. Aber ich sehe jetzt, dass es vielleicht gar nicht schlecht ist, wenn man sich einübt in den Gebrauch alter Worte. Das ist wie ein Zuhause.

Und jetzt verstehe ich auch, dass ihr diese Worte an eure Türpfosten schreibt und auf die Arme und zwischen die Augen bindet. Wenn sich jeden Tag irgendwas und irgendwer wie ein kleiner Gott aufspielt, dann könnt ihr bloß drüber lachen.

Wer die alten Worte nicht aus dem Kopf weiß, kann sich nicht dran halten, und fällt auf alle möglichen Parolenschmiede rein. Aber wer sich mit den alten Worten dran erinnert, dass es nur einen Gott gibt, der einzigartig ist, dem kann eigentlich nichts schaden."

"So ist es," antwortet Jeremy, und das heißt auf hebräisch:

AMEN

5. nach Trinitatis - **2. THESSALONICHER 3,** 1-5 – Der Kommandante

Liebe Gemeinde!

Am fünften Jahrestag der Revolution kamen die Revolutionäre zu ihrer alljährlichen Festsitzung zusammen. Wie immer eröffnete der Kommandante die Zusammenkunft mit den markigen Worten: "Genossen, die Revolution hat gesiegt. Eine neue Seite im Geschichtsbuch ist aufgeschlagen. Nie werden wir zu den alten und ungerechten Verhältnissen zurückkehren!" Normalerweise gab es an dieser Stelle heftigen Beifall. Und der Protokollant hatte das auch schon so stenographiert. Doch diesmal rührte sich keine Hand.

Irritiert schaute der Kommandante in die Runde.

Aber er wäre nicht der Kommandante, wenn er sich von solchen Kleinigkeiten aufhalten ließe! Also fuhr er fort: "Einige mag es ja unter euch geben, die noch unzufrieden sind. Und" seine Stimme schwoll an, "ihr werdet es nicht glauben: Ich bin es auch! Wie könnte ein Revolutionär je zufrieden sein? Nach dem Sturm über die Gipfel kommen die Mühen der Ebenen. Und hier erst zeigt sich der wahre Wert eines Genossen Kämpfer. Unbarmherzig wird das Volk das Haupt eines jeden in den Staub treten, der die Geduld nicht hat für die Mühen der Ebenen; der vielleicht gar zurückfällt in längst überwunden geglaubte Verhaltensweisen!"

Immer noch war es, als spräche er gegen eine Wand. Wo war der alte Elan der Genossen? Jeder von ihnen wurde doch gebraucht. Und jeder hatte seine Aufgabe. Und jeder war dafür ja auch mit großzügigen Privilegien belohnt worden. Also erhob er wieder seine Stimme: "Es gibt zwei Arten der Unzufriedenheit. Unsere ist die revolutionäre Unzufriedenheit, die das Leiden des Volkes aufnimmt und nicht ruht, ehe die letzte Ungerechtigkeit ausgemerzt ist.

Und es gibt die private Unzufriedenheit, die noch herrührt aus den Idealen einer überwundenen Zeit der Selbstsucht und Unterdrückung, die nur auf die Erfüllung persönlicher Wünsche und Vorstellungen gerichtet ist!"

Noch einmal schaute er Beifall heischend in die Runde. Aber keine Hand rührte sich.

Im Gegenteil: Ein Hüsteln entstand. Das wurde von einem kräftigeren Räuspern beantwortet. Fast schon provokativ fingen einige an, laut zu husten.

Verwirrt spielte der Kommandante mit mächtiger Stimme seine letzte Trumpfkarte aus:

"Ich habe meine Brust den Mörderschergen des alten Regimes hingehalten. Ich habe nie meinen Vorteil gesucht und immer dem Volke gedient! Wenn die Genossen der Meinung sind, dass dies nicht genug war, bin ich sofort bereit, in die zweite Reihe zurückzutreten und mich dem Urteil des Volkes zu stellen! Wer mir etwas vorzuhalten hat, der trete vor und rede!"

Sicher, damit die Zuhörer endlich auf seine Seite gezogen zu haben, stellte er sich aufrecht hin und blitzte mit den Augen. - Doch die Stille war förmlich zu greifen. Da erhob sich plötzlich einer und fragte mit dünner Stimme: "Sag, Kommandante, ist es richtig, dass du jetzt den Palast am Meer bewohnst, den wir immer für den Inbegriff der Sittenlosigkeit und Luxusgier der alten Diktatur gehalten hatten?

Und ist es richtig, dass du die meisten Diener des verfluchten Bluthundes, den das Volk in die Wüste geschickt hat, jetzt für dich arbeiten lässt?"

Da war der Bann gebrochen. Ein Tumult brach los. Wütend schrieen die Genossen durcheinander. Und während es zunächst noch gegen den Genossen Kommandante ging, fraß sich der Streit zunehmend in die Reihen. Die führenden Genossen beschuldigten sich gegenseitig, schlimmer zuzulangen als die Lakaien des verjagten Diktators. Das ließ natürlich keiner auf sich sitzen. So manches Revolutionsideal zerbrach an diesem Abend unter der lauten Anklage peinlicher Verfehlungen von Genossen, die doch einst unter Einsatz ihres Lebens gekämpft hatten gegen ein verrottetes, peinliches und verfehltes Regime.

Einige schossen das Magazin ihres Gewehrs leer, dass der Deckenputz wie Mehl über die Menge stob. Andere rannten weinend hinaus. Wieder andere rissen einander an Haaren und Bärten oder schlugen sich die Zähne aus.

Gebrochen saß der Kommandante hinter seinem Rednerpult. Die so glänzend vorbereitete Revolutionsfeier war geplatzt. Er fragte sich, was die ganze Revolution überhaupt wert gewesen war und ob die Leute für die neue Zeit überhaupt reif seien.

Schließlich zog Ruhe ein. Nur von draußen hörte man vereinzeltes Schimpfen und Schießen, das sich aber langsam verzog.

Der Kommandante erhob sich und wollte nach seiner Leibgarde pfeifen, dass sie die einst Getreuen verhafte und zu den Mächtigen von einst ins Staatsgefängnis werfe, bis er nach und nach durch ein Hinrichtungskommando wieder Ordnung ins Land bringen könne.

Da stand plötzlich schneidend eine Stimme in der Luft: "Kommandante?!"

"Der Priester!" durchfuhr es ihn. Der Priester! - den gab es ja auch noch! Ein katholischer Pfarrer, der mehr für die Revolution getan hatte, als mancher andere. Doch sehr bald war es um ihn still geworden. Manchmal saß er noch in den hinteren Reihen bei den Revolutionsfeiern. Manchmal war er auch gar nicht da. Als es um die Verteilung der Villen gegangen war, hatte er es vorgezogen, im Armenviertel eine Messe zu lesen. Viele hatten ihn schon abgeschrieben.

Und es gab ja auch schlimme Geschichten über die Verquickung der Kirche mit dem alten Regime. Von seinen Basisgemeinden war kaum noch eine Rede.

Man hatte ihn im Laufe der Zeit einfach vergessen. Aber nun nahm er das Wort: "Kommandante! Ihr hattet doch tatsächlich gedacht, ihr seiet schon im Sozialismus angekommen, wenn ihr den Sozialismus für einige habt. Hier siehst du nun das Ergebnis! Es war ein Trug!"

"Was willst du, Priester?" bellte der Kommandante. "Deine Religion ist nicht mein Ding! Sie war gut, um unsere Sache auf den Weg zu bringen. Aber sie ist zurückgeblieben bei den Alten und Kranken, die unserer neuen Welt wenig nützen!"

"Siehst du," sagte der Priester, "das genau ist euer Fehler: Ihr meint, wenn ihr am Rad der Geschichte ein bisschen habt drehen können, dass ihr nun die Herren der Geschichte seid. Ihr meint, dass die gemeinsame Überzeugung, die eine Aktion gelingen ließ, sich zwangsläufig als ehernes Ideal fortschreiben müsse. So sehr habt ihr den Bezug zur Wirklichkeit verloren, dass ihr nicht mehr sehen und verstehen könnt, dass die hohen Ansprüche und Urteile, die ihr gegen die anderen richtet, sich zwangsläufig auch gegen euch selber kehren müssen."

"Hör auf, Priester," blaffte der Kommandante. "was sollen wir denn deiner Meinung nach tun? Beten und Bibellesen?"

Der Priester lächelte flüchtig: "Das wäre vielleicht gar nicht verkehrt. Besser jedenfalls als Fluchen und Schießen."

"Du irrst!" sagte der Kommandante mit eisiger Stimme, "das haben wir früher gedacht, als wir uns in verschworenen Kreisen auf die neue Zeit vorbereiteten. Da war das Gebet und die Bibel Alibi für das verbotene politische Gespräch. Aber unseren Sieg können nur die Waffen schützen!" Er holte Luft, um nach seiner Leibwache zu pfeifen.

Doch der Priester fuhr unbeirrt fort - und noch immer war das leise Lächeln auf seinen Zügen und eine unbegreifliche Gütigkeit in seiner Stimme: "Nein, du irrst! Was glaubst du wohl, wäre aus unserer Revolution geworden, wenn sie nur getragen gewesen wäre von der Macht die aus den Gewehrläufen kommt und nicht vom innigen Gebet der vielen Ohnmächtigen? Was glaubst du wohl, hätten wir erreicht, wenn wir nur die Parolen und Wunschträume einer irgendwie besseren Welt gehabt hätten und nicht die konkreten Worte und Bilder der Bibel von einer Welt, wie sie nach Gottes Willen sein soll - aber auf dieser Welt niemals sein wird, weil immer der Menschenwille dazwischenkommt? Nein, nein. Eine neue Welt lässt sich nicht einfach eröffnen wie ein neuer Kleiderladen. Du kannst nicht sagen: Hier ist sie.

Und die Augen davor verschließen, dass sie noch nicht ist. Dass noch so viel alte unglückliche, unerlöste Welt ist."

"Nun bleib aber auf dem Teppich, Priester," grollte der Kommandante. Nur weil wir uns selber vertrauten, ist aus uns was geworden. Und wenn wir den Leuten nicht zeigen, dass etwas neues geworden ist, das sie jetzt auch mit aller Kraft bewahren müssen, dann gehen sie sofort den Rattenfängern des Alten wieder auf den Leim."
"Ach, mein Freund, " seufzte der Priester. Und in seiner Stimme schwang Traurigkeit. " Es ist doch nicht die Standhaftigkeit der Menschen, die eine neue Welt macht. Es ist die Treue und Geduld Gottes. Wenn der nicht zu uns steht, gehen wir in die Knie, wie Gras in der trockenen Sommerhitze."
Der Kommandante setzte wortlos seine Mütze auf und marschierte aus dem Raum.
Der Priester lehnte sich zurück und meditierte ein wenig.
"Wie im alten Thessalonich, das heute Saloniki heißt!" dachte er. " Da hatte der Apostel Paulus auch so anzündend vom Reich Gottes gepredigt, dass so mancher Narr dachte, es sei auf dieser Erde schon ausgebrochen. Und jeder machte, was er wollte, und meinte, so könne er das Reich Gottes auf die Erde zwingen. Die einen ließen die Arbeit sein. Die anderen verachteten die Alten und Schwachen. Und die dritten schließlich verfolgten jeden, der unangenehme Fragen stellte.
Aber die Wahrheit lag nicht bei den Aktivisten, nicht bei den lauten Schreiern und klugen Schlaumeiern. Die Wahrheit lag bei den einfachen Menschen, die noch verstanden, die Hände zu falten und auf Gott zu hoffen. Die Wahrheit lag bei denen, die noch verstanden, in der Bibel zu suchen und nicht alles schon von alleine wussten. Die Wahrheit lag bei denen, die noch auf Gottes Treue rechnen konnten und nicht bei denen, die Gott aus ihrer Lebensplanung gestrichen hatten."
Plötzlich stand der Kommandante wieder im Raum, mit finsterem Gesicht, umgeben von seinen Leibwächtern. "Den greift als ersten!" befahl er. "Das ist der gefährlichste!"
Und als der Priester an dem Kommandante vorbeigeführt wurde, begegneten sich noch einmal ihre Augen. Ganz nahe, so wie in den Anfangszeiten der Revolution, als sie noch gemeinsam in den Bergen gelegen hatten.
"Ach, Kommandante," seufzte der Priester, "Wann wirst du verstehen, dass deine Tage gezählt sind, Gottes Tage aber ewig; und dass der Mensch nur bestehen kann durch Gebet, Gotteswort und Treue?"
Amen

9. nach Trinitatis - **1. Petrus 4**,7-11 – Der Tod und die Liebe

Liebe Gemeinde!

Ein König in Damaskus hat unter seinen Soldaten einen jungen Offizier, der ihm sehr lieb ist. Eines Tages stürzt dieser junge Offizier ganz aufgeregt in den Thronsaal des Königs: "Herr, ich bitte dich: Leihe mir dein schnellstes Pferd. Ich muss sofort nach Bagdad reiten."

"Und warum?" fragt der König erstaunt.

"Als ich eben durch den Garten deines Palastes ging, sah ich den Tod dort stehen. Er drohte mir, dass ich bald sterben würde. Jetzt möchte ich vor ihm fliehen, soweit ich vermag."

Der König gibt ihm das Pferd. Doch dann geht er selbst in den Garten.

Er will sehen, ob er den schrecklichen Besucher noch finden kann.

Und siehe, der Tod steht noch an derselben Stelle.

"Wie kannst du meinen treuen Diener bedrohen?" fragt der König. "Und das im Garten meines Palastes?" "Ich habe ihm nicht gedroht", sagt der Tod. "Ich habe nur vor Verwunderung die Hände erhoben und zusammengeschlagen." "Was für eine schlechte Ausrede!" sagt der König.

"Doch, doch, es ist so!" versichert der Tod. "Ich habe nämlich den Auftrag, ihn heute Abend fern von hier in Bagdad zu treffen. Dort soll er sterben. Und darum bin ich verwundert, dass er hier in Damaskus ist."

Der König schweigt erschrocken.

Auf der einen Seite weiß er, dass man dem Tod nicht entrinnen kann. Auf der anderen Seite ist es ihm leid um seinen Offizier. Er ist einer von den besten.

Der Tod steht da wie eine Salzsäule und hat ein unergründliches Grinsen im Gesicht.

Der König mag sich nicht damit abfinden, dass es für den Tod ein leichtes ist, das schnellste Pferd zu überholen. Fieberhaft sinnt er nach einer List, mit der er den Tod festhalten könnte - hier in diesem Garten, wenigstens bis zum Sonnenuntergang. Denn dann wäre das Spiel des Todes ausgespielt. Aber es will ihm nichts einfallen.

Der Tod zuckt die Schultern: "Nun, König, ich sehe, dass hier nichts mehr zu machen ist. Halte mich nicht auf. Du weißt, ich muss nach Bagdad!"

Da kommt dem König eine Idee: "Jeder weiß, o Tod, dass es für dich ein leichtes ist, von einem Ort zum anderen zu gelangen; und wenn's sein muss an zwei Orten gleichzeitig zu sein. Ein wenig Zeit haben wir also noch. Gib meinem Diener eine Gnadenfrist bis eine Stunde vor Sonnenuntergang."

Das Grinsen des Todes wird um eine Spur breiter: "König, was willst du tun? Ich habe meinen Auftrag. Und wenn ich ihn erfüllen muss, dann erfülle ich ihn. Du weißt, dass deine Macht nicht reicht, mich aufzuhalten."

"Ich weiß es." räumt der König ein. "Doch ich weiß auch, dass dir eine Stunde vor Sonnenuntergang mehr als genug ist, deine Pflicht zu erfüllen. Du wirst beizeiten in Bagdad sein. Doch jetzt spiele mit mir ein Spiel auf Leben und Tod. Und wenn du nicht beizeiten in Bagdad bist, magst du mich mitsamt meinem Diener holen."

Dem Tod gefällt der Vorschlag. Und er fragt: "Wie gedenkst du die Zeit bis dahin zuzubringen?"

Der König zieht einen Packen Spielkarten aus seinem Gewand und schlägt vor: "Lass uns die Zeit mit einem Spiel vertreiben!" Und schon mischt er die Karten.

"Na gut," sagt der Tod, "aber du weißt, dass ich heute Abend in Bagdad sein muss."

"Nur gemach!" erwidert der König. "Heb ab, damit ich austeilen kann."

Der Tod tut, wie ihm geheißen. Und die beiden lassen sich auf einer kleinen Mauer nieder, um ihr Spiel zu spielen.

Inzwischen ist der Soldat schon weit geritten. Der alte Karawanenweg ist steinig geworden. Das Pferd schwitzt und braucht eine Pause. "Auch das schnellste Pferd soll man nicht überfordern!" denkt der Soldat und springt ab.

Allein mit sich und Gott steht er in der Wüste. Neben ihm das schwer atmende Tier. Im Herzen die Unruhe, dass er es nicht schaffen könnte. Ein leichter Wind kommt auf.

Der Offizier seufzt: "Ach wenn ich doch jetzt die Flügel des Windes hätte! Sie könnten mich noch weit bis hinter Bagdad tragen." Doch, wird es ein Entrinnen vor dem Tode geben?

Was tut ein Mensch, der weiß, dass sein letztes Stündlein gekommen ist? Die Welt ist ihm egal geworden. Er möchte fliehen bis zum Ende der Welt. Doch das Ross braucht noch einen Moment der Erholung.

Da sinkt er in die Knie und richtet ein Gebet zu Gott, dass der ihm doch vom Tode zum Leben helfen möge. Und wie er da so betet, überkommt ihn eine wunderbare Ruhe.

Und es ist ihm, als höre er eine Stimme: "Wer bist du? Woher kommst du? Was willst du?"

Er blickt um sich, weil er nicht weiß, woher diese Stimme gekommen ist. Aus seinem Inneren? Oder von einem anderen? Oder war es nur ein Raunen des Windes?

Nachdenklich steht er auf und schaut sich um. Der Wind ist stärker geworden. Doch durch das Sausen des Windes ist ihm, als sei da so etwas wie ein klägliches Weinen.

Er geht zu einem Felsvorsprung, woher das Wimmern zu kommen scheint.

Da eröffnet sich ihm ein Anblick, der sein Herz zusammenzieht: Eine Zigeunerin mit zwei Kindern; alle drei verkommen und in Lumpen, suchen sich hinter dem Felsen vor dem stärker werdenden Wind zu schützen.
Der Offizier tritt näher: "Was habt ihr hier zu suchen? Was treibt euch mitten in die Wüste?"
Die Zigeunerin blickt auf. Ihre Augen sind leer und hoffnungslos und ihre Wangen eingefallen.
"Ach, Herr!" schreit sie "Nehmt uns nicht auch noch das letzte, was wir haben! Unsere Familie ist von den Soldaten des Königs von Damaskus niedergemetzelt worden. Wir konnten nur das blanke Leben retten. Und nun hoffen wir, uns nach Bagdad durchschlagen zu können, wo noch einige unseres Stammes leben sollen."
"Welch merkwürdiger Zufall!" geht es dem Offizier durch den Sinn. "Beide wollen wir nach Bagdad, um unser Leben zu retten. Doch während sie dort wenigstens noch auf Verwandte hoffen kann, kann ich eigentlich nichts erhoffen, wenn ich in Bagdad angekommen bin."
"Hab keine Angst!" spricht er zu der Frau. "Ich will dir nichts tun. Wir haben beide den Tod vor Augen. Doch es wäre mühsam, dir das jetzt zu erklären. Sag mir nur eins: Was brauchst du? Ich habe vieles in meinem Gepäck, was ich in meinem Leben wohl doch nicht mehr benötige. Ich will es dir geben."
"Ach, Herr," strahlt die Zigeunerin, "wir haben schon wochenlang kein Dach über dem Kopf gehabt. Wenn du vielleicht ein Plane für ein Zelt und ein bisschen Wasser und was zu beißen hättest...?"
Der Offizier geht zurück zum Pferd. Es ist jetzt eigentlich soweit ausgeruht, dass er weiterreiten könnte. Doch was soll's - wo er doch weiter nichts als das Ende vor Augen hat!?
Vielleicht kann er wenigstens dieser Familie noch eine Freude machen, an deren Leid er möglicherweise nicht ganz unschuldig ist.
Er zurrt die Plane vom Sattel und bindet den Proviantsack ab.
Die Zigeunerin, so zeigt es sich bald, ist zu schwach, das Zelt allein zu errichten. Mit bangem Blick auf die sinkende Sonne und den immer stärker aufkommenden Wind hilft der Offizier.
Und als sie dann im Schutz der Plane sitzen, schaut er noch eine Weile zu, wie sich die Alte mit ihren Kindern gierig über seine Vorräte hermacht.
Und irgendwie packt ihn eine tiefe Zufriedenheit, dass er vor seinem Ende wenigstens noch ein paar Menschen hat glücklich machen können.
Die Stimme kommt ihm wieder in den Sinn: "Wer bist du? Woher kommst du? Was willst du?"

"Ja, wer bin ich?" fragt er sich, und gibt sich auch gleich selbst die Antwort: "Ein Kind des Todes bin ich!"

"Woher ich komme? - Nun, ich fliehe vor dem Tod; und bilde mir ein, wenn ich nur recht viel Tempo und Wind mache, könnte ich ihm entrinnen."

"Was ich will, weiß ich selber nicht. Ich möchte leben. Doch was ist Leben? Ist es das Davonrennen vor dem Sterbenmüssen? Ist es das Einsammeln von mehr Schätzen als man je verbrauchen kann? Ist es die Abgrenzung gegen die Ansprüche der Anderen?

Ist Leben vielleicht die Ballung aller Kräfte, der Besitz aller Schätze, der Verkauf aller Liebe?"

Ach, wenn er doch jetzt jemanden hätte, den er lieben könnte und der ihn liebt und um seinen Abschied eine Träne weinte! Aber da ist weiter niemand als diese zufrieden grunzend schmausende Zigeunerin und ihre verdreckten Kinder, die seinen Wasserschlauch leergetrunken haben und friedlich eingeschlafen sind.

Eigentlich müsste er weiter. Die Sonne sinkt schon bedrohlich. Und im Dunkel der Wüste soll man nicht allein sein. Aber warum soll er ins Dunkel der Wüste hinaus, wo er hier doch einen Ort hat, an dem er nicht allein ist?

Die Gesellschaft ist, zugegeben, nicht besonders reizvoll. Doch wie lange schon hat er keinen Menschen erlebt, der ihm von Herzen dankbar gewesen wäre?!

Inzwischen hat sich im Garten des Königspalastes von Damaskus folgendes begeben:

Der Tod hatte eine Stunde vor Sonnenuntergang dem König die Karten ins Gesicht geworfen: "Du willst mich betrügen, König! Das wird dir nicht gelingen. Den Tod kann keiner überlisten!"

Damit hatte er seine schwarzen Schwingen ausgebreitet und war davongerauscht.

Der König aber saß sinnend und traurig da, und überlegte, wie er seinem Vetter in Bagdad eine Nachricht zukommen lassen könnte, dass die Leiche des verstorbenen Soldaten in seine Heimat gebracht werden würde, ihm ein ehrenvolles Begräbnis zu bereiten.

Darüber ist die Zeit vergangen. Und als die Diener mit Fackeln kommen, den König zu suchen, rauscht es in den Lüften. Der Tod senkt sich herab. Wütend ruft er dem König zu: "Dir ist tatsächlich gelungen, mich zu überlisten! Als ich in Bagdad ankam, war dein Offizier nicht da. Ich suchte ihn emsig, um meinen Auftrag zu erfüllen. Ich fand ihn auch - halbwegs zwischen dort und hier - in der Wüste; schlafend im Arm einer wilden Zigeunerin, die ihm liebevoll über die Haare strich. Das war im Plan nicht vorgesehen! Ein Offizier, der aus Liebe seine Pflicht vergisst - wo gibt es so was?!

An einen, der liebt und geliebt wird, kann der Tod nicht ohne weiteres heran. Liebe schenkt Zeit und korrigiert vergangene Verfehlung. Eigentlich bin ich gekommen, dich statt seiner zu holen.

Doch aus Liebe zu dem einen Offizier hast du alles aufs Spiel gesetzt. Und so hast auch du dein Leben gerettet. Eines Tages werde ich euch beide doch holen - dich und deinen Offizier.

Aber Gott hat gesagt: Liebe bindet das Leid.

Und Gottes Pläne sind so hoch erhaben, dass selbst der Tod sie nicht versteht.

Wer festhalten will, den kann ich mit Leichtigkeit kriegen.

Doch wer loslässt und liebt, ist jetzt schon das Kind einer anderen Welt, in der der Tod die Macht verliert." Sprach's und rauscht davon.

Indem sind die Diener mit ihren Fackeln heran, den König zu wecken aus seinem Schlaf oder seiner vermeintlichen Ohnmacht. Und sie hören grade noch, wie seine Lippen murmeln:

"Wem werden die Leute glauben: Dem Tod oder der Liebe?"

Aber sie verstanden nicht recht, was er damit wohl meinte.

AMEN

12. nach Trinitatis - **1. KORINTHER 3**,9-15 – Der Traum des Architekten

(Textverlesung am Schluss)

Liebe Gemeinde!

Jonas hatte einen seltsamen Traum. Ihm träumte, er sei ein Architekt.

Und ihm träumte, er sei mit einer Gruppe von Architekten auf dem Weg, eine Stadt zu besehen, die vielleicht als Beispiel für künftige Städte dienen könnte.

Mit einem merkwürdigen Fahrzeug reisten sie: Es sah aus wie ein kurzer, gedrungener Zeppelin, hatte aber ziemlich weit oben ein Paar weit ausladender Tragflächen, und unten herum - etwa so wie beim Berliner Fernsehturm - eine Reihe großer Fenster, durch welche man sehr gut auf die Gegend herabsehen konnte, die man grade überflog.

Soeben hatten sie ein Gebirge passiert mit einer Fülle verschiedenartigster Gipfel und Schluchten, da tat sich in der dahinterliegenden Ebene ein weiteres erstaunliches Gebirge auf. Aber dieses schien nun ein Gebirge aus Menschenhand gemacht zu sein. Zwischen mannigfaltigen Häusern gab es breite und schmale Straßen, auf denen das Leben pulsierte.

Ehe Jonas recht dazu kam, drüber nachzudenken, senkten sie sich über einen weiten Platz und das Luftschiff setzte zur Landung an.

Ein freundlicher Reiseführer hieß sie herzlich willkommen in Politopia und bat sie auf einen Stadtrundgang.

"Wir haben in unserer Stadt," begann er, "die Gängelei der Einwohner durch sture Denkmal- und Planungsvorschriften abgeschafft. Wer ein Haus bauen will, muss nur nachweisen, dass es standsicher geplant ist, und dass er die Materialien selbst besorgen und so zusammenfügen kann, dass ein bewohnbares und ansehnliches Haus draus wird. Alles andere - die Auswahl und die Ordnung der Materialien, die Größe der Räume, die Form der Fenster und Dächer - ist ins Belieben der Bauherren gestellt. Und so sind sechs Grundtypen von Häusern entstanden, die sich im Laufe der Zeit bewährt haben.

Allerdings werden Sie sich sicherlich wundern bei unserem Rundgang durch die Stadt: Sie werden kaum ein Haus aus traditionellem Material finden. Die Häuser hier sind nämlich aus Gold, Silber, Edelsteinen, Holz, Heu, und Stroh."

Die Architektenrunde murmelte, und Jonas sagte es laut: "Wie kann solch ein Haus Bestand haben? Wir nehmen Steine, Beton; ja gern auch Holz - aber das muss gründlich behandelt werden. Lehm ist auch ein gutes Baumaterial. Und selbst mit hochgepresstem Papier und mit Pappe haben wir schon gute Erfolge erzielt. Aber wie sollen Häuser aus Heu und Stroh halten?"

"Mit dieser Frage habe ich gerechnet." entgegnete der Reiseführer. "Ich will Ihnen zwei Dinge dazu erläutern: Die traditionellen Baumaterialien haben wir für das Fundament benutzt. - Aber zur Frage des Fundamentes werden wir noch kommen. - Interessanter ist der Einsatz von Papier für uns gewesen. Natürlich lag es nahe, Papier zu verwenden. Und wir haben zunächst auch fleißig damit gebaut. Gibt es doch Papier in rauen Mengen! Vor allem bedrucktes Papier ist in Hülle und Fülle zu haben. Die Leute wussten oft gar nicht, wohin damit, und haben es selbstverständlich als ersten Baustoff genutzt. Doch was soll ich sagen: Selbst die beste Vorbehandlung hat nicht viel geholfen. Das Papier brannte wie Zunder. Je mehr schöne Worte drauf waren und je mehr bunte Bilder es hatte, destoweniger war es von Bestand. Wir sind gegenüber dem Papier immer misstrauischer geworden, und haben es schließlich überhaupt nicht mehr genommen.

Viel besser sind Heu und Stroh zwar auch nicht. Aber mit Lehm ordentlich vermengt, gibt es einen passablen Baustoff. Ich selber habe ein Strohhaus. Das möchte ich nicht mit einem kalten Prachtbau aus Edelsteinen vertauschen und auch nicht mit einem Haus aus Gold oder Silber, in welchem man bei Hitze nicht weiß, wo man bleiben soll, und bei Kälte mehr die Wände und die Umgebung aufheizt als die Räume."

Jonas legte seine Hand auf eine Hauswand, neben der sie eben standen: "Was aber ist das? Es sieht schwarz aus wie verwitterter Sandstein und fasst sich doch an wie Metall."

Der Fremdenführer zog lächelnd ein Taschenmesser heraus, kratzte ein wenig an der Wand und legte einen glänzenden Fleck frei: "Das ist ja das besondere an den Häusern dieser Stadt: Sie erzählen offen und deutlich vom Charakter der Bauherren. Dieser hier ist ein solider Einwohner, der nicht viel von sich hermacht. Für Gold hat sein Geld nicht gereicht. Er wollte es aber auch nicht so glänzend auffällig und protzig. Solide sollte es sein und im Inneren besser als im äußerlichen Schein. So hat er mit Silber gebaut. Und Sie sehen grade an der oberflächlichen Verwitterung, dass es sich ganz offensichtlich bewährt.

Sie können übrigens in unserer Stadt auch Häuser finden, die Sie für Wolkenkratzer aus purem Gold halten. Dabei ist es bloß Heu mit einem Blattgoldüberzug. So verwirklicht sich jeder selbst durch sein Haus. Manchmal muss man genau hinschauen, andermal springt einem direkt in die Augen, was die Hausherren für welche sind.

Es gibt Häuser, in denen man gut wohnt, und deren Bewohner man gern besucht. Und es gibt andere, an denen man schnell vorbeigeht und mit deren Bewohnern man lieber nichts zu tun haben möchte.

Aber auf eine Besonderheit wollte ich Sie ja noch hinweisen:

Alle Häuser - so verschieden sie auch sind - haben das gleiche Fundament."

"Wie kann das sein?" fragten einige der Architekten wie aus einem Munde.

"Wir haben schlechte Erfahrungen damit gemacht, wenn jeder seine eigene Klugheit und seine gegenwärtige Ansicht in die Planung des Fundamentes steckt." sagte der Reiseleiter.

"Dass bedrucktes Papier sich für das Fundament noch schlechter eignet als für die Wände und Decken, hatten wir ziemlich schnell herausbekommen. Zunächst hatten wir es dann bei einer Empfehlung belassen, dass die Bauherren auf das Fundament besonders viel Sorgfalt verwenden möchten.

Sie werden nicht für möglich halten, was dann einsetzte: Die exotischsten Fundamentformen wurden entworfen. Einer schaute dem anderen die verrücktesten Dinge ab. Jeder wollte möglichst originell sein und die Gesetze der Baustatik von neuem erfinden. Nicht mehr auf die Tragfähigkeit der Fundamente kam es den Leuten an. Sie wollten zumeist mit aller Gewalt

etwas Neues zeigen, womit sie ihren Nachbarn imponieren konnten. Sie nannten das "Pluralismus", doch es war kein Pluralismus. Es war das reine Chaos. In einem wirklichen Pluralismus hätte man die Erfahrungen der alten und soliden Handwerker wenigstens ernst genommen und sich mit ihnen auseinandergesetzt.
So waren wir gezwungen, eine solide Fundamentbauweise zu suchen, und diese zur verbindlichen Norm für alle zu machen.
Aber damit fahren wir nun recht gut: Das Fundament wird gestellt. Wer darüber noch groß diskutiert, verzögert bloß die Fertigstellung seines Hauses. Und viele haben ja auch schon verstanden, wie gut es ist, ein fertiges Fundament zu haben, und all seine Fantasie und Fähigkeiten in den Ausbau und die Gestaltung des Hauses zu stecken.
Das macht sich übrigens auch bezahlt, wenn es ein Unglück gibt: Feuer, Sturm, Hochwasser, Erdbeben. Mancher hat dabei großen Schaden erlitten. Denn erst bei solcher Gelegenheit zeigte sich, wie gut sein Haus war. Und manchmal war nach einem Unglück vom Haus bloß noch ein kläglicher Trümmerhaufen übrig. Aber das Fundament war noch da. Und da hat man immer wieder von vorn anfangen können.
Ja, manche haben aus den Unglücksfällen sogar heilsame Lehren gezogen."
Jonas wachte auf und rieb sich die Augen.
"Was für ein Unsinn!" dachte er. "Wie kann man solche Häuser bauen - aus Gold, Silber, Edelsteinen, Heu und Stroh? Und wie kann eine Stadt Bestand haben, wo jeder baut wie er will?"
Jonas war nur ein einfacher Lehrer.
Er packte zwar gern mit an bei seinem Hausbau, der täglich sichtbare Fortschritte machte. Aber er war froh, dass er einen guten Architekten und solide Handwerker hatte und sich nicht alles allein ausdenken musste.
"Wie können Menschen," fragte er sich, "die ein Haus bauen, alte Erfahrungen in den Wind schlagen?"
Doch dann fiel ihm wieder ein, weswegen er nicht hatte einschlafen können.
In der LER-Stunde hatte es heute Vormittag eine heftige Diskussion über weltanschauliche Grundfragen gegeben. Die meisten Schüler waren der Meinung gewesen, dass man sich heutzutage seine Weltanschauung selber aussuchen müsse, nachdem die Gesinnungsdiktatur von Kirche, Faschismus und Sozialismus überwunden sei.
Nur einer der Schüler hatte gemeint, man könne nicht alle überkommenen und bewährten Antworten über Bord werfen.
Jonas hatte noch einmal zurückgefragt, wie er das denn meine.
Darauf hatte der Schüler gesagt: Für ihn sei die Bibel das Fundament. Und da könnten Welten zerbrechen, und Menschen könnten auf die Botschaft der Bibel ganz unterschiedliche Lebensantworten finden. Aber das Fundament sei immer das gleiche. Und immer wieder, wenn es Probleme gibt und wir mit unserem Wissen am Ende sind, können wir auf und mit diesen Steinen wieder ganz neu anfangen zu bauen.

Die Klasse hatte darüber schallend gelacht. Aber Jonas hatte noch bis in die Nacht hinein über die Worte des Schülers nachdenken müssen.
Seit langer Zeit wieder einmal hatte er selber zur Bibel gegriffen und sie irgendwo aufgeschlagen.
Ach ja, das waren die Geschichten mit den alten Korinthern gewesen, die auch immer nur sich selber oder nur ihre Partei für richtig und wichtig hielten.
Er knipste die Nachttischlampe an und las noch einmal die Worte, die ihn wohl bis in die Träume begleitet hatten:
Wir sind Gottes Mitarbeiter; ihr seid Gottes Ackerfeld und Gottes Bau.
Ich nach Gottes Gnade, die mir gegeben ist, habe den Grund gelegt als ein weiser Baumeister; ein anderer baut darauf. Ein jeder aber sehe zu, wie er darauf baut.
Einen andern Grund kann niemand legen als den, der gelegt ist, welcher ist Jesus Christus.
Wenn aber jemand auf den Grund baut Gold, Silber, Edelsteine, Holz, Heu, Stroh, so wird das Werk eines jeden offenbar werden.
Der Tag des Gerichts wird's klar machen; denn mit Feuer wird er sich offenbaren. Und von welcher Art eines jeden Werk ist, wird das Feuer erweisen.
Wird jemandes Werk bleiben, das er darauf gebaut hat, so wird er Lohn empfangen. Wird aber jemandes Werk verbrennen, so wird er Schaden leiden; er selbst aber wird gerettet werden, doch so wie durchs Feuer hindurch.
AMEN

14. nach Trinitatis - **1. Thessalonicher 5** 14-24 – Paulus an die Gemeinde

(Textverlesung während der Predigt und am Schluss)

Liebe Gemeinde!

Es ist spät geworden in Athen. Paulus, der rastlose Prediger, ist müde. Aber da liegt das Manuskript. Das muss er noch zu Ende bringen! Eigentlich ist geschrieben, was zu schreiben war.

Wieder und wieder gehen ihm die Worte seines Mitarbeiters Timotheus durch den Sinn.

Der hatte so Widersprüchliches berichtet nach seinem Besuch in Thessalonich.

Erfreulich ist, dass die kleine christliche Gemeinde sich allmählich stabilisiert hat, obwohl er doch nur ein halbes Jahr für sie Zeit hatte. Aber es gibt auch Probleme: Das Menschlich - Allzumenschliche kommt immer wieder durch. Um Ehre, Ansehen und Einfluss wird gerungen. Überzeugte spielen die Suchenden an die Wand. Er kennt die Leute und kann sich sehr gut erinnern. Gesichter tauchen vor seinem inneren Auge auf, Erinnerungen an Gespräche, Szenen. Um einige Gemeindeglieder trauert er: Sie hatten so brennend auf die Wiederkunft des Herrn zu ihren Lebzeiten gehofft. Aber nun sind sie drüber gestorben, und in der Gemeinde machen sich die eigentümlichsten Theorien breit.

Zu gerne hätte er die Leute wieder gesehen, sie besucht, ihre Nöte angehört, mit ihnen zusammen über die aufgetauchten Probleme nachgedacht. - Doch die Gegner schlafen nicht. Man hat ihn wissen lassen, dass sein Besuch die Spannungen nur verstärken, die Polarisierungen nur verschärfen würde. Einige aus der Synagoge hetzen immer noch gegen ihn und seine Botschaft. Dabei wollte er nie etwas gegen die Juden und ihren Glauben sagen.

Wie soll er dies alles nur den prächtigen Gemeindegliedern in Thessalonich beibringen!

Der Besuch des Timotheus war doch nur ein Ersatz. Selber ist er gefordert. Aber hat wohl nicht sein sollen!

So hat er sich Papier hergesucht und Schreibgerät. Zum ersten Mal ist ein Brief an eine Gemeinde entstanden. Mit dem ist er eigentlich recht zufrieden. Den sollen sie in der Gemeindeversammlung vorlesen.

Noch hat Paulus wenig Erfahrung mit dem Briefeschreiben. Bisher lebte seine Verkündigung von lebendiger Rede und Gegenrede. Noch ist es ja auch keine zwei Jahrzehnte her, dass der Herr am Kreuz gestorben ist. Aber was kann in zwei Jahrzehnten alles passieren! Wenn Jesus das geahnt hätte!

Paulus überfliegt noch einmal seine Zeilen. Es ist ein bisschen, wie bei einem Abschied: Eigentlich ist alles gesagt. Und doch möchte man manches noch einmal dick unterstreichen.

Nach und nach tauchen Probleme auf, die ganz besonders bedrückend zu sein scheinen.
Da war die Sache mit den Gemeindegliedern, die sich immerzu ihre eigenen Ordnungen machten. Zur Gemeindeversammlung kommen sie höchst unregelmäßig, haben aber immer was auszusetzen an den Bräuchen der Gemeinde; wissen alles besser. Die abschließende Mahnung an sie formuliert sich wie von selbst: **Wir ermahnen euch aber, liebe Brüder: Weist die Unordentlichen zurecht.**
Ja, aber da sind denn doch auch noch andere, die immerzu hin und her schwanken. Mal halten sie der Gemeinde rührende Treue. Dann wieder plappern sie die Parolen der Besserwisser nach. Und immer weniger wissen sie, wohin sie eigentlich gehören. Immer mehr sehen sie Auflösungs- und Niedergangserscheinungen. Wenn sich das durchsetzt, geht die gesamte positive Grundstimmung der Gemeinde in die Brüche. Also auch für die noch einen Satz: **tröstet die Kleinmütigen,**
Manche sind in diesem Hin und Her schon fast wieder vom Glauben abgekommen.
Da wird geredet: In unserer Gemeinde ist auch nichts mehr los! Ja, früher, da war das noch ganz anders. Aber heute kümmert sich jeder bloß noch um sich selber.
Und wenn einer Fragen hat, lässt man ihn links liegen. Wenn einer Probleme hat, sagt man: Wir haben auch unsere Probleme! Geh uns nicht auf die Nerven.
Nein, so kann eine christliche Gemeinde nicht leben! Wie von selbst schreibt die Feder: **tragt die Schwachen, seid geduldig gegen jedermann.**
Eine Sache hat Paulus ganz besonders bewegt: Andreas und Apollos, zwei Christen der ersten Stunde, die noch vor einem Jahr wie Brüder gewesen waren, reden auf einmal kein gutes Wort mehr miteinander. Timotheus war der Sache auf den Grund gegangen und hatte herausbekommen: Alles war eigentlich bloß eine Kette dummer Zufälle und blöder Missverständnisse gewesen. Andreas hatte sich irgendwann mal über einen Priester vom Apollostempel lustig gemacht, der dem Essen und den schönen Mädchen mehr zugetan war, als der Religion und dem Gott der Künste. Irgendeiner hatte das nur halb verstanden und dem Apollos erzählt, dass Andreas ihn in Weinlaune öffentlich verspottet habe. Darauf hatte Apollos überall herumerzählt, dass Andreas ein Säufer sei, der seine gottlose Zunge nicht im Zaume halten könne. Nun gab es schon zwei Parteien. Jede sah drauf, wie sie der anderen eins auswischen konnte. Keiner brachte es fertig, den Dingen auf den Grund zu gehen; und über den garstig breiten Graben einem von der anderen Partei die Hand zu reichen. Selbst, wenn man sich zum Gottesdienst trifft, gibt es kein freundliches Grußwort mehr.
So hat es Timotheus erzählt. Paulus hat das schockiert. Aber jetzt so aus der Ferne Partei zu ergreifen, würde noch mehr Öl ins Feuer gießen.

Überhaupt ist ja die Gefahr groß, dass man zu sehr den interessanten Gerüchten glaubt und zu wenig fragt, was eigentlich dran ist - und wie man schlimme Dinge zum Guten wenden könnte.

Man müsste einen mehr allgemeinen Satz schreiben. Die beiden würden es schon verstehen. Und die anderen würden es sich hoffentlich zu Herzen nehmen. Nach kurzem Nachdenken fügt Paulus die Mahnung an: **Seht zu, dass keiner dem andern Böses mit Bösem vergelte, sondern jagt allezeit dem Guten nach untereinander und gegen jedermann.**

Jetzt könnte er eigentlich den Brief unterschreiben. Eigentlich ist alles gesagt. Und doch bleiben Zweifel: Kann man einen Brief so abschließen? Eine Mahnung an der anderen?

Die in der Gemeinde werden vielleicht fragen, wer gemeint ist - und wieder bloß mit dem Finger auf andere zeigen.

Nein, so geht das nicht! Ich will ja jeden ansprechen und nicht bloß DEN ANDEREN.

Wir haben doch nicht bloß Ermahnungen füreinander! Wir haben doch eine Botschaft, aus der wir auch selber leben. Und nur von unserer Botschaft her wird deutlich, warum wir einander die Meinung sagen. Wir haben doch keinen Grund, Schuldige zu suchen und die Köpfe hängen zu lassen, wenn nicht alles glatt geht. Unser Herr will doch, dass wir den Kontakt mit ihm nicht verlieren. Und dass wir die Dankbarkeit nicht verlieren für dieses Leben, und für alle Möglichkeiten, die wir haben, und für die Botschaft vom neuen Leben, das all den alten Hass und Ärger überwindet.

Nein, davon muss ich noch schreiben, sagt sich Paulus: **Seid allezeit fröhlich, betet ohne Unterlass, seid dankbar in allen Dingen; denn das ist der Wille Gottes in Christus Jesus an euch.**

Nun könnte er seinen Brief aber wirklich beschließen. Er liest sich noch einmal alles durch, geht noch ein paar Mal in seiner Stube auf und ab. Da denkt er noch einmal an die Leute von der so genannten Kerngemeinde. Bisher hat er ja nur den Problemkindern noch einmal eine abschließende Mahnung mitgegeben.

Aber Timotheus hatte ja auch davon erzählt, dass die Gemeinde sozusagen auf Normalbetrieb geschaltet hat. Worte, die über den Tag hinaus gelten, werden kaum noch gehört. Jeder ist so verstrickt in seine Alltagsgeschäfte, dass er das Evangelium fast nur noch hören kann wie eine Geschichte aus längstvergangenen Tagen. Dabei hatte er ihnen doch wieder und wieder erzählt, dass die Botschaft von Jesus mitten in die Welt gehört. Keine Tabus darf es geben. Über jedes Thema kann geredet werden. Auch vor heißen Eisen brauchen Christen keine Angst zu haben! Bloß vor einem müssen sie Angst haben: Dass sich Geistlosigkeit und

Gedankenlosigkeit breit machen, dass sich unterm Mantel verführerischer Ideen Rücksichtslosigkeit und Lieblosigkeit verstecken.
Wenn die Gemeinde wirklich leben und Zukunft haben will, dann darf sie sich nicht von den Hörnern des Zeitgeistes in den Rücken pieken lassen, dann muss sie den Zeitgeist bei den Hörnern packen: Neue Gedanken denken, neue Wege wagen, über Denkverbote lachen und Vordenkern kritische Fragen stellen! **Den Geist dämpft nicht. Prophetische Rede verachtet nicht. Prüft aber alles, und das Gute behaltet. Meidet das Böse in jeder Gestalt.**
Ach, wie viel wäre den Schwestern und Brüdern in Thessalonich noch zu schreiben! Es wäre wirklich viel besser, sich öfter mal zu sehen, zu besuchen, miteinander zu sprechen - nicht nur über Wetter und Krankheiten, sondern auch über Fragen des Glaubens und des Lebens!
Bleibt gesegnet, ihr Schwestern und Brüder in Thessalonich und anderswo! Und denkt dran: Segen ist nicht bloß irgend so ein Wort oder Spruch. Segen ist ein Kuss Gottes, der uns liebt und dessen Liebe uns stark machen will für's Leben. Ja, das muss er noch schreiben:
Er aber, der Gott des Friedens, heilige euch durch und durch und bewahre euren Geist samt Seele und Leib unversehrt, untadelig für die Ankunft unseres Herrn Jesus Christus. Treu ist er, der euch ruft; er wird's auch tun.
Nun ist Paulus einigermaßen zufrieden. So kann der Brief an die Gemeinde in Thessalonich gehen. Und so kann er vorgelesen werden: in dieser Stadt und wo auch immer in der Welt, wo und wann sich Menschen Gedanken drüber machen, wie man als Christ richtig lebt.
Paulus liest es sich den Schluss seines Briefes noch einmal im Zusammenhang durch:
Wir ermahnen euch aber, liebe Brüder: Weist die Unordentlichen zurecht, tröstet die Kleinmütigen, tragt die Schwachen, seid geduldig gegen jedermann. Seht zu, dass keiner dem andern Böses mit Bösem vergelte, sondern jagt allezeit dem Guten nach untereinander und gegen jedermann. Seid allezeit fröhlich, betet ohne Unterlass, seid dankbar in allen Dingen; denn das ist der Wille Gottes in Christus Jesus an euch.
Den Geist dämpft nicht. Prophetische Rede verachtet nicht. Prüft aber alles, und das Gute behaltet. Meidet das Böse in jeder Gestalt. Er aber, der Gott des Friedens, heilige euch durch und durch und bewahre euren Geist samt Seele und Leib unversehrt, untadelig für die Ankunft unseres Herrn Jesus Christus. Treu ist er, der euch ruft; er wird's auch tun.
Ja, sagt Paulus, Amen; so ist es! Und was wir nicht vermögen, wird Gott uns schenken, denn: Der Friede Gottes, der höher ist als unser Verstand, der bewahrt unsere Herzen und Sinne in Christus Jesus. AMEN

15. nach Trinitatis - **1. Mose 2,** 4b-9.15 – Der MENSCH

Liebe Gemeinde!

Ein Gerichtshof war versammelt, wie ihn so prächtig und würdig die Welt noch nie gesehen hatte.

Das war auch nicht verwunderlich; handelte es sich doch um den Gerichtshof am Ende aller Tage dieser Welt - um das letzte Gericht Gottes. Der Gerichtshof hatte schon eine kleine Ewigkeit getagt. Und an jedem Tage dieser Ewigkeit war gerechtes Recht gesprochen worden, das die Ungerechtigkeiten dieser Erde brach.

Reiche hatte man gesehen, die ihr Leben in kümmerlicher Armut des Geistes und der Seele zugebracht hatten. Und Arme waren dagewesen, die mit einem Reichtum an Liebe und Hoffnung soviel Licht in die Welt gebracht hatten, dass sich selbst die Engel im Himmel nur wundern konnten.

Freilich, es hatte auch einige Reiche gegeben, die in rührender Weise mit ihrem Geld und Einfluss Gutes bewirkt hatten. Und viele Arme hatten trotzig vor dem Hohen Gericht gestanden und waren verurteilt worden, weil sie ihr ganzes Leben lang nur sich selbst gesehen und nach dem Reichtum anderer Leute gegiert hatten.

Die Luft war schlecht in diesem Gerichtssaal, wiewohl er so groß war, dass man seinen Anfang und sein Ende nicht absehen konnte. Das lag daran, dass alle guten Worte, hinter denen keine redlichen Absichten standen, nun zu Gestank zerflossen. Da waren die Parolen von Gesellschaftsveränderern geplatzt, die die Verdammten der Erde durch die Vereinigung der Proletarier aller Länder hatten erretten wollen, doch selber die Arbeiter verachteten und die Begegnung von Menschen argwöhnisch beobachteten oder ganz unterbanden.

Da war die christliche Schminke manchem Parteiführer vom Gesicht gefallen, der fromme Reden gemacht aber nur an volle Geldsäcke gedacht hatte.

Da waren auch die salbungsvollen Worte manches Kirchenfürsten als stinkende Brühe von Machtgelüst und Anpassertum entlarvt worden.

Und manche tolle Entschuldigungrede, mit der ganz einfache Menschen die Verantwortung für Entscheidungen ihres Lebens auf andere abschoben, entpuppte sich als übel riechende Lüge.

Ja, selbst die meisten emsigen Bewahrer der Natur und Kämpfer für bessere Gerechtigkeit auf der Welt hatten letztendlich nicht viel mehr beizutragen als eine Verschlechterung des Klimas.

Im himmlischen Gerichtshof war Verdruss eingekehrt. Alle waren müde der vielen großen und kleinen Ausreden und freuten sich nur noch auf das Ende der Verhandlung.
Da sprach Gott der Herr: "Noch einen haben wir. Den müssen wir noch anhören. Dann mag ein Ende sein!"
Die Engel stöhnten und die vollendeten Gerechten wischten sich den Schweiß von der Stirn. Aber weil wir hier im Himmel sind, geht es nicht nach Lust und Laune, sondern nach dem Willen Gottes.
Und so wurde der letzte Delinquent hereingeführt. Vor dem himmlischen Tribunal stand: DER MENSCH - Adam - Anthropos - Homo sapiens; oder wie auch immer er in den Sprachen der Völker heißen mag: Der Mensch, so wie ihn Gott erschaffen hatte.
"Wer bist du?" wurde er gefragt. "Ich bin das höchste Wesen." antwortete er.
"Bist du nicht Erde vom Acker?" wollte Gott wissen.
"Na ein bisschen mehr bin ich ja wohl doch!" entgegnete der Mensch.
"Was bist du denn mehr?" hakte Gott nach.
"Ich bin das einzige denkende Wesen, das höchstentwickelte, das es je auf Erden gegeben hat." brüstete sich der Mensch.
"Ja und?" fragte Gott. "Woran merkt man das?"
"Na höre!" sagte der Mensch. "Hast du nichts mitbekommen von Jahrtausenden der Kultur und Zivilisation? Ich habe Felder bebaut und Staudämme errichtet, Kathedralen gebaut und Lieder gedichtet, Bilder gemalt und Computer konstruiert, Wüsten bewässert und die Demokratie erfunden!"
"Ist das alles?" fragte Gott zurück. "Hast du nicht auch Atombomben gezündet und Kriege geführt; die Atmosphäre vergiftet und deinesgleichen gefoltert; Ströme von Geld und Reichtum von den Nackten und Hungernden zu denen gelenkt, die schon von allem im Überfluss hatten?"
Der Mensch blieb eine Weile stumm. Dann atmete er tief durch und rechtfertigte sich: "So ist nun einmal die Welt! Du, Gott, in deinem unendlichen Reichtum, kannst dir vielleicht gar nicht vorstellen, wie das ist, wenn das Geld knapp wird und man Zivilisation und Kultur nicht mehr bezahlen kann; wenn andere einen neidisch bedrohen und man sich verteidigen muss; wenn der Wert der Dinge daran gemessen wird, wie teuer sie sind!
Ich habe mir Mühe gegeben, aus der Wüste Welt ein Paradies zu machen, wo der Mensch leben kann. Wenn das nicht immer gelungen ist, ist das nicht meine Schuld. Die Wüste war einfach zu groß und zu mächtig!"
"Vergisst du da nicht was? fragte Gott zurück.

"Was soll ich vergessen haben? Ich habe ein gutes Gedächtnis. Ich vergesse keinen, der mir was schuldet!" sagte der Mensch.

"Das mag wohl wahr sein." räumte Gott ein. "Aber du vergisst leider, wem du was schuldest. Ich will dir ein paar Fragen stellen. Wenn du sie befriedigend beantworten kannst, sollst du gerettet sein. Frage eins: Was bist du eigentlich mehr als Erde vom Acker? Bist nicht auch du mit deinen herrlichen Leistungen nur ein Teil meiner Schöpfung?

Frage zwei: Habe ich dir nicht einen Garten gegeben, in dem du paradiesisch hättest leben können; wieso bist du dort nicht geblieben?

Frage drei: Hatte ich nicht für eine Gefährtin gesorgt, wie sie genialer auch Gott nicht einfallen könnte; wo ist sie?"

"Jaja," stotterte der Mensch, "ich weiß wohl, dass ich ein Teil der Natur bin. Aber ich bin doch der Natur auch sehr verbunden geblieben. Manche haben sich so schöne Gärten angelegt, dass sie sogar meinen, sie fänden Gott dort drinnen. Und ich gebe ja auch zu, dass manche ganz vergessen haben, dass Gottes Atem in uns weht. Aber mit der Frage nach der Frau darfst du mir nicht kommen.

Du musst nur einmal unsere Zeitungsläden sehen, und unsere Filme. Also von der Frau halten wir sehr viel."

Gott lächelte: "Denkst du, ich lasse mich von bunten Fotos blenden? Ich sehe, dass du die Frage nicht verstanden hast. Darum will ich sie noch einmal anders formulieren.

Ich habe gesehen, wie einsam du im Paradiesgarten gewesen bist. Da hast du mir leid getan. Ich wollte dir eine Freude machen. Ich habe zunächst die Tiere zu dir gebracht.

Erinnerst du dich, wie liebevoll du sie alle gestreichelt hast, als du sie zum ersten Mal sahst. Und dann hast du ihnen allen Namen gegeben. Das war die erste Tat deiner Regierung über die Welt. Und so, wie du sie genannt hast, sollten sie heißen: Der Elefant und der Regenwurm, der Adler und der Frosch. Ich habe dir da nicht hereingeredet, weil ich wollte, dass du nicht nur die Herrschaft, sondern auch die Verantwortung übernimmst. Und dann sah ich, dass du das gut machst. Aber ich war auch betrübt. Meine Welt war noch nicht fertig. Da fehlte noch was. Ein einsamer Mensch in einsamer Verantwortung, kann letztendlich nicht viel mehr sein als ein Tier ohne Namen. Du brauchtest ein Gegenüber, das dir gleicht. Darum baute ich SIE. Aus dir! Damit SIE ein Teil von dir sei. Und nun verrate mir: Wie bist du damit klargekommen?"

Der Mensch setzte zu einer Antwort an, doch Gott unterbrach ihn: "Lass mich noch präziser fragen: Ist der Machtkampf nicht weitergegangen? Was ich im Garten wachsen ließ, hast du verschieden bewertet. Das eine hast du kultiviert und das andere verachtet. Mit den Tieren hast du es ähnlich gemacht. Genauso mit den Bodenschätzen und Landschaften. Ich gebe zu, dass sogar ich manchmal staunen musste, was du aus der Erde machst - manchmal war das ein Staunen aus Bewunderung, manchmal ein Staunen aus Erschrecken. Aber größer noch wurde dieses doppelte Erstaunen, als ich sah, was der Mensch mit dem Menschen macht.

Zur Liebe hatte ich euch bestimmt. Doch war da nicht viel mehr Kampf um die Vorherrschaft?

Zur Gemeinschaft hatte ich euch bestimmt. Doch höre ich, dass jeder nur seine Lebensweise für die einzig richtige hält und andere verachtet, nur weil sie anders sind.

Zu Gehilfen hatte ich euch bestimmt. Doch seid ihr einander nicht viel öfter Last als Hilfe?"

"Gib mir noch eine Chance!" bettelte der Mensch. "Ich will mich ganz bestimmt bessern. Es müsste mir nur jemand Orientierung geben; sagen, wie es langgeht; das Gute durchsetzen und das Böse entlarven und bekämpfen."

"Ach was!" winkte Gott ab. "Du hast deine Chance gehabt. Dich habe ich in den Garten gesetzt, ihn zu bebauen und zu bewahren. Und ich habe dir alles dazugegeben, was du dazu brauchst. Du hast die Weisungen der Gebote und die Mahnungen der Profeten. Was willst du eigentlich mehr?

Glaubst du im Ernst, dass der neue Himmel und die neue Erde anders sein werden als die ursprüngliche Schöpfung? Wann willst du anfangen, nach deiner Bestimmung zu leben? Du hattest Jahrtausende Zeit dazu! Und dass es dir nun auf einmal gelingen soll, muss ich nach aller Erfahrung füglich bezweifeln. Doch soll es sein! Ich kann das Urteil heute noch nicht fällen. Zu sehr schillert Gutes und Böses in deinem Denken, Reden und Tun durcheinander."

Und dann erhob sich Gott der Herr: "Die Sitzung ist für heute geschlossen." Und zum Menschen sprach er: "Geh hin und nutze deine Chance! Du hast nicht ewig Zeit. Also vertue dein Leben nicht! An mir soll es nicht liegen, wenn du in Wüsten und Höllen lebst. Einen Garten habe ich dir gegeben. Wenn du meinem Wort gehorsam bist, wird die Welt wieder ein Paradiesgarten werden."

Und dann vertagte Gott der Herr den himmlischen Gerichtshof bis zu einer Stunde, die nur er allein weiß.

AMEN

Johannistag - **JESAJA 40,** 1-8 – Sisyphos und der Prophet

(Textverlesung am Schluss der Predigt)

Liebe Gemeinde!

Schwitzend und schnaufend wälzt ein Mensch einen schweren Stein bergan. Er murmelt dabei unablässig vor sich hin. Wir wollen einmal näher treten und hören, was er so spricht:

Diesmal muss es gelingen. Heute ist kein Tag wie jeder andere. Heute gehe ich über die Trennlinie zwischen Tod und Leben. Ich habe gesehen, wie es dort oben ist. Fast hatte ich's schon mal geschafft. Aber dann ist mir der Stein doch noch entglitten.

Ein Kammweg, eigentlich nur ein Trampelpfad. Wenn ich den überwunden habe, habe ich gesiegt. Dann rollt der Stein von alleine weiter. Und der Teufel mag zusehen, wohin.

Wenn nicht ab und zu diese kleinen Absätze wären, wäre es nicht zu schaffen. Hier kann ich mir den Schweiß von der Stirn wischen, neue Kräfte schöpfen und wieder ganz neu zupacken. Diese kleinen Absätze erlauben mir immer wieder einmal eine Ruhepause. Da liegt der Stein erst einmal sicher.

Ja, die kleinen Absätze und Unterbrechungen sind das, was das Leben erst eigentlich lebenswert macht. Sonst wäre alles eine - ja, da muss ich wirklich lachen: Nach mir haben sie das genannt. Nach mir, dem listenreichen Stadtbegründer und ersten König von Korinth!

Also: Wenn die kleinen Absätze und Pausen nicht wären, wäre das ganze Leben eine Sisyphos-Arbeit: schwer und sinnlos! Immerzu so einen Stein bergan rollen - das kann eigentlich gar kein Mensch leisten. Aber es muss gemacht werden. Die Arbeit, die vor den Händen liegt, muss gemacht werden. Ein Schurke, der sich vor den Aufgaben drückt, die nun einmal gemacht werden müssen. Wenn ich es nicht mache, muss es ein anderer machen. Und du weißt ja, wie das ist, wenn man sich auf andere verlassen muss!

Inzwischen kenne ich meine Aufgabe gut. Bald bin ich oben. Und dann braucht's nur noch einen ganz kleinen Stoß - und die Welt ist erlöst.

Es ist sozusagen das Resultat einer Wette, was ihr hier seht.

Mit Hades habe ich gewettet. Mit dem Gott der Unterwelt zu wetten, das hat sich noch keiner getraut! Ich habe schon manches gewagt, was sich kein anderer wagte. Sonst gäbe es sie heute noch nicht: Die große und stolze Hafenstadt Korinth.

Aber das größte Ding war doch das mit dem Tod. Ich habe ihn einfach überlistet.

Er wollte mich holen. Aber ich hatte Stricke bereit. Und dann habe ich ihn in eine tiefsinnige Diskussion über die Allmacht des Todes verwickelt. Er wurde immer verwirrter und immer erregter. Und dann war es eine Sache von Sekunden.

Was soll ich sagen: Ich habe ihn gefesselt, und bin fröhlich und lebendig meiner Wege gegangen!

Das hat dem Gott der Unterwelt natürlich nicht gefallen. Er hat gesagt: Keiner kann seinem Schicksal entrinnen! Ich habe bloß gelacht. Ich kann. Ich meistere mein Schicksal allein.

Wie gesagt: Es war so etwas wie eine Wette. Ich habe behauptet: Du kannst mich nicht halten. Und er hat gesagt: Was gilt die Wette - ich kriege dich!

Nun haben sie mir die Aufgabe mit diesem Stein gestellt. Sobald der Stein mich überrollt, muss ich sterben. Solange ich den Stein rolle, bin ich unsterblich. Kriege ich den Stein über den Kamm, bin ich erlöst.

Nur bis zu dem Weg auf dem Kamm muss ich noch kommen. Und dann - eine kleiner Schubs - und ich bin frei. Komm, Stein, du wirst mein Befreier sein.

Jetzt unterbricht der Steinwälzer seinen Monolog.

Ein zweiter tritt hinzu, gekleidet wie ein israelischer Profet.

Wer kommt da? Ein Fremder auf meinem Berg! Das habe ich noch nie erlebt.

Komm, Fremder, wir besiegen gemeinsam die Unterwelt!

Fass mit an bei dem Stein! Wir werden's denen zeigen!

Was sagst du? Aus eigenen Kräften kann der Mensch den Tod nicht besiegen? Du meinst tatsächlich, der Mensch solle sein Werden und Vergehen bewusst annehmen?

Der Mensch vielleicht. Aber ich doch nicht! Mit mir wird das Schicksal eine Ausnahme machen. Du wirst sehen! Was kümmern mich die Götter! Die grinsen sich eins, wenn ich dem Schicksal ein Schnippchen schlage.

Was sagst du? Der Mensch ist wie Gras; wie Gras, das blüht und sprosst und abends verwelkt?

Ja, welchen Sinn hätte es dann zu leben? Es muss sich doch lohnen, sein Leben selbst in die Hand zu nehmen; nicht zu warten, bis sich vielleicht ein Gott erbarmt! Wo soll denn Hoffnung herkommen, wenn wir nicht lernen, Grenzen zu überschreiten? Grenzen! Alle Grenzen! Auch die Grenze des Todes! Und das mach ich jetzt!

Wenn dieser verflixte Stein erst oben ist auf der Kuppe, dann kann mir keiner mehr. Du wirst sehen! Dieser Stein ist der Sorgenstein der Menschheit.

In diesem Stein ist alles, was die Menschen runterzieht und mürbe macht.

Dieser Stein heißt Armut, Unglück, Ungerechtigkeit, Krieg, Krankheit, Tod.

Er hat viele Namen, dieser Stein. Alle sind grässliche Namen.

Und ich werde diesen Stein über den Berg bringen.

Wenn er erst einmal über den Kamm ist, wird er von selber ins Meer rollen, und dort für immer versinken. Es muss möglich sein, diesen Stein für immer zu versenken. Sonst würde sich das Leben nicht lohnen. Und ich werde es sein, der ihn versenkt. Ich werde der Erlöser der Menschen sein. - Ich - Sisyphos!

Und wenn du ein wenig von meinem Ruhm abbekommen willst, dann fasst du hier mit an, anstatt du dastehst und Reden führst! Solange dieser Stein die Menschheit drückt, will keiner gerne leben. Doch wenn dieser Stein erst einmal im Meer versoffen ist, wird das Leben auf Erden so schön sein, dass sich keiner mehr nach dem Himmel sehnt.

Was bist du? Ein Prophet? Nun, dann wird es dir ja nicht schwer fallen zu weissagen, wann es soweit ist: Wann es soweit ist, dass die Menschheit auch die letzten Sorgensteine von sich wirft und endlich frei ist! Als Prophet müsstest du das eigentlich wissen: Wenn wir unser Wissen und unsere Kräfte bündeln, wenn Wissenschaft und Politik zusammenspielen, wenn reich und arm teilen lernen und Politiker sich um das Wohl der Menschen genauso sorgen wie um ihren Kontostand - dann sind wir übern Berg! Dann ist der Himmel auf Erden!

Wir könnten es schaffen! Wir beiden! Du, der Prophet und ich, der König!

Warum winkst du ab? Fass mit an! Lass es uns doch wenigstens versuchen!

Was sagst du? Erlösung könne nur von Gott kommen? Das glaubt die Menschheit seit Jahrtausenden. Und sie ist immer wieder enttäuscht worden. Heute ist die Zeit, da man anpackt. Noch nie war das Ziel so nahe und die Verhältnisse so günstig! Du glaubst mir nicht? Wir werden uns wieder sprechen. Wenn ich nur erst einmal über den Berg bin, dann wirst du sehen, wie recht ich gehabt habe.

Du gehst weg? Ja dann ist es ja kein Wunder, dass der arme Sisyphos immer wieder von vorn beginnen muss! Lass mir wenigstens ein Wort der Ermutigung zurück: Ein Wort, mit dem die Menschen leben können, wenn sie ihre Sorgensteine hin und her wälzen!

Du meinst, es sei eine Illusion, weil hinter jeder Kammlinie eine noch höhere zu sehen ist? Vielleicht hast du recht. Ganz oben bin ich ja tatsächlich noch nicht gewesen.

Was soll ich machen? Die Steine meiner Sorgen einfach rollen lassen, wohin sie wollen? Und du meinst, Gott finge sie wirklich auf? Du meinst, Gott hätte schon einen Erlöser ausgewählt, der stärker ist als unsere Sorgen? Der dort neues Leben bringt, wo wir nur noch Schwachheit und Vergehen sehen können. Ach, wenn das doch wahr wäre! Ich kann es nicht glauben.

Ich sehe schon, bis ans Ende meiner Tage werde ich diesen Stein wälzen. Denn ich kann nicht glauben, dass es einen Gott geben soll, der stärker ist als ich und meine Sorgen.

Vielleicht werden die Menschen eines Tages über mich schmunzeln, weil ich dein Wort nicht gehört habe. Vielleicht hast du recht, dass Gottes Weg jede Richtung geht - auch bergab,

wenn's sein muss. Und vielleicht hast du recht, dass am Ende von all unserem Eifer nicht mehr viel bleibt - und nur das wirklich unendlich ist, was Gott in uns und mit uns begonnen hat.
Bestimmt hast du damit recht, dass nicht ***die*** Götter allmächtig sind, die uns immer wieder die gleiche stumpfsinnige Arbeit aufbürden; und auch ***die*** Götter nicht, die uns glauben machen: Nur noch über diesen Berg müssen wir kommen - und dahinter liegen die Inseln der Seligkeit.
Bestimmt hast du damit recht, dass es nur einen Gott gibt und nur ein Wort, das uns erlösen kann, wenn wir ihm trauen.
Sag mir doch ein prophetisches Wort. Vielleicht lasse ich den Stein dann einfach Stein sein, und vertraue viel lieber deinem Gott, der mehr Leben verspricht als das, was wir sehen, wenn wir es tatsächlich mal über einen Berg geschafft haben.
Und der Profet sprach: **Tröstet, tröstet mein Volk! spricht euer Gott. Redet mit Jerusalem freundlich und prediget ihr, dass ihre Knechtschaft ein Ende hat, dass ihre Schuld vergeben ist; denn sie hat doppelte Strafe empfangen von der Hand des HERRN für alle ihre Sünden. Es ruft eine Stimme: In der Wüste bereitet dem HERRN den Weg, macht in der Steppe eine ebene Bahn unserm Gott! Alle Täler sollen erhöht werden, und alle Berge und Hügel sollen erniedrigt werden, und was uneben ist, soll gerade, und was hügelig ist, soll eben werden; denn die Herrlichkeit des HERRN soll offenbart werden, und alles Fleisch miteinander wird es sehen; denn des HERRN Mund hat's geredet. Es spricht eine Stimme: Predige!, und ich sprach: Was soll ich predigen? Alles Fleisch ist Gras, und alle seine Güte ist wie eine Blume auf dem Felde. Das Gras verdorrt, die Blume verwelkt; denn des HERRN Odem bläst darein. Ja, Gras ist das Volk! Das Gras verdorrt, die Blume verwelkt, aber das Wort unseres Gottes bleibt ewiglich.**
Amen

21. nach Trinitatis **MICHA 6**,8 – Nichts leichter als das

Liebe Gemeinde!

Es ist ein uralter Menschheitstraum: Man müsste alles noch einmal ganz von vor anfangen können, und dann natürlich viel besser machen. Legenden und Schriftsteller erzählen davon, wie einem Menschen die Möglichkeit dazu eingeräumt wird.

Da steht er. Das alte ist durchgestrichen. Und nun hat er – mit allen Erfahrungen, die er bisher gesammelt hat – die Chance für einen ganz anderen Neuanfang.

Aber die Bedingungen sind die gleichen. Und natürlich entscheidet er sich wieder genauso wie beim ersten Mal. Und es geht am Ende auch wieder genauso aus.

In der Bibel ist es die Geschichte vom reichen Mann und dem armen Lazarus.

„Wenn ich schon nichts mehr machen kann, so schick doch Lazarus zu meinen Brüdern, dass sie nicht auch an diesen Ort der Qual kommen" bittet der reiche Mann im Höllenfeuer.

Doch die Antwort lautet: „Sie haben Mose und die Profeten, auf die sollen sie hören!"

Und so geht es immer und immer wieder.

Der Profet Micha hat um die siebenhundert Jahre vor Jesus gelebt. Und auch ihm setzten die Leute schon zu: Sag uns, was es neues gibt! Künde uns neue Botschaft von Gott!

Doch nichts da! - Alles ist gesagt!

Wie geht es eigentlich uns? Welches Zutrauen haben wir zu den alten Botschaften und Ordnungen? Welches Interesse haben wir an immer neuen Nachrichten und Bräuchen?

Welche Rolle spielt für uns das Festhalten an einem einmal eingeschlagenen Weg?

Oder: Was würden wir gern noch einmal ganz anders anfangen? Noch einmal – und dann viel besser – machen? Wie oft sagen wir: Ach, wenn wir das gewusst hätten…?!

Es ist ja auch nicht so ganz einfach mit den alten Regelungen und Entscheidungen.

Manches muss man ja wirklich über Bord werfen. Und was haben wir nicht alles in unserem Leben schon neu lernen müssen?!

Die Bibel wirft uns immer wieder auf eine Weisheit zurück, die Gorbatschow einmal ausgedrückt hat mit den Worten: Neues Denken ist die Erinnerung an altes Wissen.

Was also ist das, was wir eigentlich schon immer hätten wissen müssen und können?

Was ist dieser Vorrat an Zukunft, der in der Vergangenheit steckt?

Es ist dir gesagt, Mensch, was gut ist und was der HERR von dir fordert, nämlich Gottes Wort halten und Liebe üben und demütig sein vor deinem Gott.

Das erste heißt: Es ist dir gesagt…!

Ach, was wurde uns nicht schon alles gesagt? Wie viele Ratschläge, Versprechungen, Schwüre haben wir im Laufe unseres Lebens anzuhören gekriegt.
Da waren die Weisungen der Eltern und Lehrer. Manches davon taucht tatsächlich wieder auf, wenn wir vor einer Lebenssituation stehen, in der wir's gebrauchen können.
Das meiste davon aber haben wir vergessen.
Da waren Zusagen von anderen Menschen: Das machen wir! Das kriegen wir in den Griff! Und wenn wir's dann nicht doch selber geregelt haben, sind wir oft verraten und verkauft gewesen.
Da waren aber auch Erklärungen, mit denen andere sich uns ausgeliefert haben.
„Ich liebe dich!" ist so eine Erklärung. Mit der steht und fällt alles.
Wo käme ein Kind hin, wenn es sich nicht auf die Liebe seiner Eltern verlassen könnte?
Wo käme ein Verliebter hin, wenn er sich nicht auf das Versprechen seiner Geliebten verlassen könnte?
So ein Versprechen kann tragen: durch gute und böse Zeiten, durch schöne und schwere Tage. Und wir wären ziemlich mies dran, wenn es uns nicht tragen würde.
Vielleicht haben wir manchmal aneinander vorbei geredet. Vielleicht haben wir manchmal mit den gleichen Worten Verschiedenes gemeint. Vielleicht haben wir manchmal überhaupt keine Worte mehr gefunden – füreinander und miteinander.
Aber da war das Vertrauen, dass der andere mich schon nicht hängen lassen wird. Und das hat uns weitergeholfen, wenn wir auch manchmal vielleicht nicht so recht gewusst haben, wie alles weitergehen soll.
Leben beginnt damit, dass man miteinander redet; zum Beispiel mit der kleinen Enkeltochter, die gerade anfängt, mit anderen Menschen zu reden. Da ist natürlich kein Wort zu verstehen – so weit ist es noch lange nicht. Aber es ist ein Glücksgefühl, wenn Menschen miteinander reden und sich nicht bedrohlich anschweigen.
Es ist dir gesagt, Mensch...Das heißt im Klartext: Gott hat mit dir geredet. Du musst nicht darauf warten, dass er's endlich tut. Du musst nicht nach wundersamen Ereignissen in der Vergangenheit kramen. Er hat zu dir geredet: in Predigten, in Erlebnissen, im schlechten Gewissen, in ungezügelter Freude. Er hat zu dir geredet und dir damit seine Liebe erklärt.
Das kann unter all dem Geschwafel des Alltags schon einmal in Vergessenheit geraten. Aber: Er hat zu dir geredet, hat dir seine Liebe erklärt; und das bleibt eine unumstößliche Tatsache.
Was hat er geredet? Gott brabbelt nicht wie ein Kleinkind und er raunt auch nicht wie das Orakel von Delphi. Gott redet Klartext:
Es ist dir gesagt, Mensch, was gut ist und was der HERR von dir fordert....

Jetzt machen wir eine Entdeckung:

Was gut für uns ist, ist das gleiche wie das, was Gott von uns fordert. Das klingt neu.

Reden uns die Menschen nicht immer was ganz anderes ein? Was Gott und andere von dir fordern, schränkt dich ein, beraubt dich deiner Freiheit, verkürzt deine menschlichen Möglichkeiten? - Und nun auf einmal soll gut für uns sein, was Gott von uns fordert!

Wir bleiben misstrauisch. Zu oft haben Menschen sich an die Stelle Gottes gesetzt, haben uns gesagt, ihre Befehle seien göttliche Forderungen. Wir sehen's an denen, die ihr Leben wegwerfen, um als lebendige Bomben möglichst viele andere mit sich in den Tod zu reißen; sich selber aber das Paradies damit zu verdienen.

Ich wünschte, meine islamischen Kollegen würden diesen endlich die Wahrheit sagen: Der Teufel wird sie holen. Hat sie schon geholt, weil sie auf einen verblendeten Agitator gehört haben, und nicht auf Gott.

Aber darf ich Richter spielen – nach all dem, was christliche Geistlichkeit an Verblendung in die Welt gepredigt hat?

Darum gibt's ein Korrektiv. Nicht immer sind die Worte der Gottesdiener Gottes Worte.

Was der HERR von dir fordert, und was gut ist für dich, sind drei Dinge: nämlich Gottes Wort halten und Liebe üben und demütig sein vor deinem Gott.

Ich fang mal mit dem Dritten an, weil ich es für das schwierigste halte.

Was ist das: **demütig sein vor deinem Gott.** ?

Schon die Formulierung kann heute kaum noch einer verstehen.

Dabei wissen alle so gut Bescheid! Immer wieder erklären mir welche, wer oder was Gott ist und was er – ihrer Meinung nach - tun oder lassen müsste. Immer wieder erklären mir welche, dass es einen Gott ja gar nicht geben könne, weil nämlich – ihrer Meinung nach – sonst dieses und jenes ganz anders sein müsste in der Welt.

Und jedes Mal machen mich solche Reden ganz ratlos, weil ich einfach nicht genug über Gott weiß. Und ich weiß auch gar nicht, woher die das alles wissen. Und ich nehme mir das Recht heraus, einfach nichts zu wissen, und immer bloß die Ohren aufzusperren; weil der Mensch ja eigentlich nichts von Gott wissen kann, und immer wieder überrascht wird von der Wirklichkeit Gottes, die so ganz anders ist, als wir sie uns ausmalen in unseren beschränkten Gehirnen.

Und so lese ich das mit der Demut so: Nicht so viel Bescheid wissen, sondern offen sein für Neues, für Überraschungen. Wie könnte einer anders leben?

Wie trist wäre ein Leben, das sich nicht mehr überraschen lässt!

Überraschen – und damit bin ich beim ersten - **Gottes Wort halten.**

Das ist schwer und leicht zugleich. Gottes Wort halten – wer kann das schon immer?
Immer wieder werde ich schuldig an meinem Unvermögen, an meinen beschränkten Möglichkeiten.
Ich kann vor Gott nicht grade stehen, so wie ich bin.
Darum füge ich zwei Buchstaben ein: **an Gottes Wort halten.**
Damit wird die Sache schon anders. Ich halte mich nicht an die vielen Weisungen und Weisheiten, die Menschen mir täglich um die Ohren schlagen. Ich halte mich an Gottes Wort. Ich schlage die Bibel auf, da finde ich, was ich zum Leben brauche. Ich rede mit Menschen, die auf dem gleichen Wege sind. Da kann ich mich nicht verlaufen.
Und dann werde ich auch das dritte fertig bringen. Das Mittelstück in unserem Bibelwort:
Liebe üben.
Ich finde sympathisch, wie das da so steht: üben. Das kann einmal heißen: ausüben.
Darum werde ich mich mühen, wenn ich mein Leben in der Spur Gottes gehen will.
Es kann aber auch heißen: üben – im Sinne von trainieren. Liebe will immer wieder trainiert sein. Die Liebe zu Gott und die Liebe zu anderen Menschen.
Und immer wieder ist es ein spannendes Abenteuer, der Liebe mehr zu trauen, als der Klugheit, dem Wissen, der Überlegenheit, der Gesundheit und dem Geld.
Eine Geschichte erzählt von einem Menschen, der Jude werden wollte.
Er ging hin zum gestrengen Rabbi Schammai und sagte: „Ich will gern Jude werden, wenn du mir das Judentum erklären kannst, solange ich auf einem Bein stehe." Der Rabbi fuhr empört auf: „Ein Leben lang musst du studieren, um zu verstehen, was Judentum heißt – geh hin und lerne!"
Da ging er zum Rabbi Hillel und stellte ihm die gleiche Frage. „Nichts leichter als das!" antwortete Hillel. „Du sollst Gott über alle Dinge fürchten und lieben und deinen Nächsten wie dich selbst – das ist das ganze Judentum."
Ich möchte den Rabbi ergänzen. Es ist nicht nur das gesamte Judentum. Auch wir Christen wissen nicht mehr. Und Jesus hat es selbst noch einmal in Erinnerung gebracht, als er danach gefragt wurde und das Gleichnis vom barmherzigen Samaritaner erzählte.
Weiter brauchst du wirklich nichts zum Leben, als nur dies:
Es ist dir gesagt, Mensch, was gut ist und was der HERR von dir fordert, nämlich Gottes Wort halten und Liebe üben und demütig sein vor deinem Gott.

AMEN

Drittletzter Sonntag im Kirchenjahr - **1. Thessalonicher 5,** 1-6 – Alle Kämpfe umsonst?

Liebe Gemeinde!

Am Tag nach der Abstimmung herrschte gedrückte Stimmung in der Umweltgruppe.

Nun hatte das Parlament die Flussbegradigung also doch beschlossen!

Alle Kämpfe schienen umsonst gewesen, alle Mühen vergebens. Zum Fenster hinausgeworfen das Geld für Aufklärungskampagnen und Prozesse.

Manch einer hatte alles an Kraft und Geld investiert. Andere aber hatten sich im Laufe der Zeit schon mehr und mehr auf die Niederlage eingerichtet. Man stand buchstäblich vor dem Nichts. - War alles umsonst gewesen?

Nachdem die Runde sich durch den Beschlusstext gearbeitet hatte, war allen die Ausweglosigkeit der Lage deutlich:

Bald würden die Bagger kommen, durch den schützenden Hügel vor dem Dorf eine breite Rinne baggern. Der kleine Wald würde weichen müssen. Und wo einst ein Teich mit einer Schilfwiese gewesen war, würden große Schiffe ölige Wellen an künstliche Ufer spülen.

Die Blicke richteten sich auf Jochen. Jochen war der Aktivist der ersten Stunde gewesen.

Jochen hatte alle aufgerüttelt mit seinen Plänen und Tabellen. Jochen hatte auch die Unterschriftensammlung und später den Volksentscheid in die Wege geleitet.

Jochen hatte das Material für die Rechtsanwälte besorgt. Hatte Jochen zu hoch gepokert?

Uwe war in der jüngsten Zeit mehr und mehr auf Distanz zu Jochen gegangen. Als sich abzeichnete, dass für den Volksentscheid nicht genügend Unterschriften zusammenkommen würden, hatte Uwe zum ersten Mal gefragt, wer die laufenden Prozesse wohl bezahlen werde.

Damals hatten sie ihn alle noch ausgelacht, seine Zaghaftigkeit kritisiert. "Du musst Hoffnung und Vertrauen haben - die Rechtslage ist eindeutig: Umweltgesetze und Wirtschaftlichkeitsgutachten sind klar!"

Aber Uwe hatte von da ab angefangen, Argumente gegen das gemeinsame Vorhaben zu sammeln.

Nicht, dass er auf einmal gegen alles gewesen wäre. Nein, es war nur, dass ausgerechnet Uwe immer wieder mit neuen Meldungen und Meinungen kam, die ein Scheitern ihrer Initiative schon im Vorfeld mehr und mehr ahnen ließen.

Da waren erst die Daten vom Wetteramt gewesen. Demnach würde eine Flutwelle auch bei starkem Regen und großer Schneeschmelze die künstlichen Dämme nicht übersteigen.

Dann kam er mit Berichten von anderen Initiativen, die sich auch zu sehr und zu einseitig informiert hätten und dann auf die Nase gefallen waren.

Irgendwann brachte er Bilder mit aus Afrika. Darauf waren verdurstende Kinder zu sehen. Ob es nicht viel sinnvoller sei, ***ihnen*** Wasser zu bringen, als hier gegen ein relativ kleines Wasserbauprojekt zu kämpfen - fragte er. Da hatten die ersten Zweifel bekommen.
Und es hatte eine große Diskussion gegeben, weil die großen Probleme der Welt ja wirklich viel größer sind, als unsere Nöte zu Hause.
Ewald, der das Leben kannte, und nur redete, wenn er wirklich was zu sagen hatte, nahm die Pfeife aus dem Mund, hüstelte und sprach: "Ich denke nur an die vielen Bemühungen, was zu bessern. Immer wieder ist es wie ein Fass ohne Boden. Wie steht es mit den vielen Bewegungen für Frieden und Gerechtigkeit? Wo du hinsiehst: Krieg und Folter, als wäre nichts gewesen! Da wird gesammelt gegen Hunger und Krankheiten. Und doch wird alles nur immer schlimmer. Auch hier kommt mir so vieles wie ein Fass ohne Boden vor. Blühende Landschaften hatten sie uns versprochen. Aber mit vollen Geldkoffern sind sie abgereist und haben die Hälfte Leute ohne ordentliche Arbeit sitzen lassen. Und nun drehen sie noch an Versicherungen und Steuern."
Einige klopften auf den Tisch und riefen: "Jawohl! Das Wasserprojekt soll ja auch wieder Arbeit und Geld in die Gegend bringen!"
Jochen versuchte einen Einwand: "Aber Ihr wisst nicht wann, für wen und wie viel!"
Doch Jochen wurde niedergeschrieen: Ein Tropfen auf den heißen Stein sei besser als gar kein Wasser.
Aber Ewald sprach ruhig weiter: "Ich habe so viel erlebt und bin so alt geworden, dass ich wohl nicht mehr viel zu erleben habe. Und wenn ich eins gelernt habe, dann ist das Bescheidenheit. Die Hoffnung auf Übermorgen bringt nichts. Lasst uns die Probleme von heute lösen! Die kennen wir. Und was morgen sein wird, werden wir sehen. So schlimm wird es schon nicht werden! Die werden schon alles einigermaßen durchgerechnet haben."
Wieder brach Stimmengewirr aus. Jochen pochte auf seine Papiere und schrie, das sei ja grade das Problem, wie hier mit Zahlen gelogen würde. Andere schrieen Jochen nieder. Und Uwe spottete lautstark: "Du tust ja so, als ginge es um das Ende der Welt."
Da hob Antje zaghaft die Hand. Antje war die Frau des Pfarrers. Eigentlich hatte sie auch selber studiert. Aber weil es keine Arbeit für sie gab, als sie vor zwei Jahren ins Dorf gekommen waren, und weil sie auch zwei kleine Kinder hatte, hatte sie viel Zeit für Gespräche mit den Leuten. Und manchmal las sie bis spät in die Nacht hinein. Sie war klein und unscheinbar, doch sie kannte das Problem, das ihnen allen am Herzen lag, inzwischen wohl fast genauso gut wie Jochen. Darum richteten sich jetzt alle Blicke auf sie und allmählich wurde es still.

"Ich will euch eine alte Geschichte erzählen." setzte sie an. "Sie spielt im alten Griechenland, bei Leuten, die auch grade dabei waren, die Hoffnung und die Zuversicht zu verlieren. Sie lebten wenige Jahre nachdem Jesus gestorben war. Und sie waren alle voller Hoffnung, dass er bald wiederkommen und die ganze Welt umkrempeln würde. Doch nach und nach starben die aktivsten Leute der Gemeinde, aber die Welt blieb so, wie sie war: Selbstsüchtig, ungerecht, gottlos."
Murmeln und Maulen kam auf: "Wieder diese frommen Geschichten! - Was haben wir mit den alten Griechen zu schaffen?"
"Ich habe befürchtet, dass Sie so reagieren." fuhr Antje fort. "Deswegen habe ich auch eine Weile gezögert, davon zu reden. Doch als ich heute Abend zu unserer Versammlung gegangen bin, war ich genauso verzweifelt wie Sie alle. Da steht man mitten in einer hoffnungsvollen Sache drin. Und dann machen einem die Umstände oder irgendwelche viel mächtigeren Leute einen dicken Strich durch die Rechnung. In meinem Kopf wirbelten die Gedanken, und ich habe mich gefragt, wie Menschen früherer Zeiten mit dem Zerbrechen ihrer Hoffnungen fertig geworden sind.
Und da fielen mir eben die Leute im alten Thessalonich ein. Die haben in einer ähnlichen Situation auf ihren Prediger - einen gewissen Paulus - eingehackt. So wie ***Sie*** jetzt dem Jochen bittere Vorwürfe machen, weil er Sie in eine Sache hineingeritten hat, die am Ende anders ausging, als wir alle es uns gewünscht haben.
Der Paulus allerdings hatte einen Vorteil: Er war grade nicht da. Er musste sich schriftlich wehren. Und das ist nun wieder unser Glück. Wir haben seinen Brief und können drin lesen, was er nicht nur für die Leute im alten Griechenland schreibt, sondern auch für uns heute.
Und da schreibt er: Es gibt zweierlei Leute:
Die einen schicken sich in jede Lebenslage und machen ihren Frieden mit jeder Situation. Wir haben das doch selber erlebt. Ich kenne Sie nun noch nicht so lange. Aber ich denke, auch in unserem Dorf gab es die Feiglinge und die Duckmäuser, die Ängstlichen und die Anbiederer - die wohl die Faust manchmal in der Tasche ballten oder im vertrauten Kreise meckerten, aber wenn's drauf ankam mitmachten. Diese Leute sind anscheinend immer wieder die Sieger."
Beifälliges Gemurmel kam auf, doch Antje redete weiter:
"Und dann gibt es die anderen. Die finden keinen Schlaf. Die können sich nicht beruhigen über die kleinen und großen Ungerechtigkeiten. Die leiden richtig persönlich drunter, dass unser Atem immer wieder zu kurz, unsere Hoffnung zu schwach, unsere Kraft zu klein ist; dass das Gute immer bloß im Märchen und im Krimi siegt, aber die Hoffnungslosigkeit, die Angst und die nackte Gewalt den Alltag regieren. Und sie suchen und warten verzweifelt auf

ihre Stunde: Dass endlich mal deutlich wird, dass ***sie*** recht haben und nicht die anderen; dass man endlich mal einen Schritt weiterkommt, hinter den man nicht zurückgestoßen werden kann.

Immer wieder werden sie enttäuscht - wie wir jetzt. Aber unterliegen können sie nur, wenn sie auch ihre Hoffnungen, Träume und Wünsche noch dazu verlieren."

Ganz still war es im Versammlungsraum geworden. Einige standen auf: "Tschüs denn, wir müssen morgen früh raus!" Nach und nach schlossen sich andere an.

Schließlich saßen nur noch drei am Tisch: Antje, in Gedanken versunken; Jochen, der seine Papiere zusammenschob; und Ewald, der immer noch gewaltige Wolken aus seiner Pfeife pustete.

Schließlich stand auch Jochen auf und sagte: "Wenn das richtig ist, was du sagst, sind wir auch jetzt noch auf dem rechten Weg. Wer sich unterkriegen lässt, wer seine Wünsche eintauscht gegen schnellen Gewinn und seine Hoffnung gegen die Sprüche und Entscheidungen der Mächtigen, der ist ein Finsterling, der bloß dazu hilft, dass es in unserer Welt immer noch finsterer wird. Aber wer einer guten Sache treu bleibt, der er sich nun einmal verschrieben hat, der wird am Ende auch neues entdecken und erreichen."

Mit einem kurzen aber deutlichen Nicken in Richtung von Ewalds Rauchwolken zog er sich zurück.

Ewald saß noch eine ganze Weile da, sichtbar in Gedanken versunken. Dann nahm er seine Pfeife aus dem Mund und sagte einfach bloß: "Danke!"

AMEN

Gedenktag der Reformation - **Philipper 2,** 12.13 – Martin und Macke

Liebe Gemeinde!

Auf den ersten Blick gibt es keine Verbindung zwischen den beiden - außer vielleicht ihrem Vornamen. Der eine ist ein Mönch im späten Mittelalter. Martin heißt er. Latinisiert - nach der Sitte seiner Zeit - nennt er sich gelegentlich Martinus. Der andere ist ein Brückenpenner in einer modernen westeuropäischen Großstadt. Auch er heißt Martin. Der Spitzname, mit dem ihn seine Freunde rufen, ist "Macke".

Zwischen Macke und Martinus liegen Welten: Hunderte von Kilometern und Jahren.

Aber noch viel weiter liegen ihre geistigen Welten auseinander: Der eine fragt nach einem gnädigen Gott. Der andere pfeift auf Gott und die Welt, weil er weder von der einen noch von dem anderen Gutes zu erwarten hat.

Und doch haben die beiden mehr als den Vornamen gemeinsam: Beide sind sie auf der Suche. Sie sind auf der Suche nach einer Wirklichkeit, die anders ist, als die Wirklichkeit, die sie erleben.

So denkt Macke manchmal: Du möchtest ein Kleriker sein, der in seinem Kloster lebt. Zwar ist da nicht viel mit Frauen. Aber so wie er aussieht und riecht, wollen die Frauen auch nicht viel von ihm wissen. Bloß die schlampige Hilde gibt sich manchmal mit ihm ab. Doch in der Regel geht jeder seiner Wege und hält nicht viel vom anderen. In so einem Kloster hätte man seinen geregelten Tageslauf, Umgang mit anständigen Menschen und immer gutes Essen auf dem Tisch.

Martinus mag auch manchmal Sehnsucht nach Frauen haben. Aber er unterdrückt sie heftig und voller schlechtem Gewissen, wenn sie ihm doch einmal bewusst wird. Er ist geplagt von Angst:

Die Angst sitzt ihm im Nacken, Gott könnte Nein zu seinem ganzen sündigen Leben sagen.

Da hat er nun die Bibel von vorn bis hinten und von hinten bis vorn studiert. Aber auf jeder Seite findet er immer wieder nur: "Du sollst! Du darfst nicht! Gott wird dich zur Rechenschaft ziehen!" Der Eintritt in den Orden war auch noch gegen den Willen seines Vaters gewesen, der für's Geschäft dringend einen handfesten Juristen gebraucht hätte.

Noch klingt ihm der Vorwurf des Vaters bei seiner Priesterweihe in den Ohren, ob der Herr Sohn noch nie das Gebot gehört habe, dass man seine Eltern ehren und ihnen gehorchen solle. Und das ist wie eine Flamme, die die Glut in seiner Seele nur immer noch mehr anfacht:

Was soll Gott sagen zu so einem wie mir? Bis zum Umfallen betet und fastet er. Aber er fühlt sich dadurch bloß noch schlechter. Es kann doch nicht richtig sein, wie mancher seiner

Klosterbrüder lebt: das Geld und den Wein mehr als Gott lieben und Witze machen über den Papst in Rom und den Bischof und die Kirche. Anscheinend haben sie nicht einmal schlechtes Gewissen dabei.

Manchmal geht er in seinen wenigen freien Minuten durch die Stadt. Da sieht er die Menge der Bettler und Hungerleider. Und die machen sein Gewissen noch schwerer: Gott hat geboten, den Hungernden zu speisen und den Bedürftigen zu kleiden. Doch wie soll er das machen?

Er hat keinen roten Heller in den Taschen. Und eigentlich ist er ja auch ein bisschen neidisch auf sie, die Gesetzlosen. Denen ist nicht der Tag eingeteilt in strenge Zeiten des Gebets und der geistlichen Disziplin. Die können tun und lassen, was sie wollen. Wie die Lilien auf dem Felde und wie die Vögel unter dem Himmel sind sie. Ihr ganzes Leben ist ein Geschenk. Und wenn ihnen keiner was schenkt, dann können sie nicht leben.

So müsste das sein - auch mit dem Glauben an Gott. Der müsste nicht so viel Leistung sein - mehr Geschenk. Aber Gott schenkt nur dem etwas, der auch bereit ist, voll und ganz für ihn einzustehen. Das weiß man von den Heiligen, die ihr Leben ganz und gar für die gute Botschaft hingaben; und von deren Vorrat an guten Werken der arme Sünder heute und in Ewigkeit leben kann.

Den Macke indessen hat wieder einmal die Polizei beim Wickel. Dabei ist alles nur ein Missverständnis. Das Päckchen mit dem weißen Pulver, das aussieht wie Mehl, sollte er nur eben für ein paar Minuten für einen Kumpel aufheben. Den hatte er im Supermarkt getroffen, als er zwischen den Flaschen stand und mit den Händen in der Tasche zählte, für wie viel es heute reichen würde. Da ist der Kumpel gekommen, wie gerufen. Und der hatte gesagt, er habe draußen noch ein paar Mäuse. Bloß mit dem Paket wolle er nicht so herumrennen, weil er es noch weitergeben müsse. Es sei einen Tausender wert. Und der Eigentümer verstehe keinen Spaß.

Aber der Kumpel kam und kam nicht wieder mit dem Geld. Langsam waren die Leute im Supermarkt schon auf Macke aufmerksam geworden - vor allem der unangenehme dicke Typ, der ihn schon einmal in der Mangel gehabt hatte. Da war er schnell durch die Kasse gegangen. Aber aus Versehen hatte er die Flasche, bei der er eben doch bloß mal nach dem Preis geschaut hatte, in die Tasche gesteckt. Und nun wollen sie ihm auf der Polizeiwache natürlich nicht glauben, dass es aus Versehen gewesen sei. Und aus der anderen Tasche fördern sie mit Triumphgeheul das weiße Päckchen zutage. Weiß er denn, was da drinnen ist?!

Die Polizisten jedenfalls jubeln, als hätten sie einen ganz dicken Fisch an der Angel.

Dabei sitzt in der Polizeiwache ein noch viel dickerer Fisch: Eine schicke und vornehme Frau. Die sieht gar nicht so aus, als hätte sie es nötig. Doch die hat anscheinend eine Perlenkette irgendwo mitgehen lassen. Aber mit ihr wird im Flüsterton verhandelt. Mackes Ohren sind gut. Und er versteht ganz genau, dass das die Frau von irgendeinem großen Tier ist.

Sie heult ein paar Tränchen, und die Polizisten reden verständnisvoll auf sie ein, während bei ihm jetzt wieder die ganze Maschinerie angeworfen wird. Er kennt das schon: Protokoll, Strafandrohung, Demütigung. Bloß weil er ein Habenichts ist; einer, der unter Brücken schlafen muss, seit der Chef ihn aus der Firma und die Frau ihn aus der Wohnung geworfen hat.

Ach, wenn er doch einer von denen wäre! Ein Beamter, ein Senator, ein Pastor - dann würden sie ganz anders mit ihm umgehen!

Früher nahm er solche Sachen gelassen hin. Aber man wird älter. Man denkt über das Leben nach.

Und immer wieder ist es dasselbe: Du musst dich fürchten und musst zittern, wenn du kein Geld hast und keinen Einfluss. Das war damals bloß so eine Eselei gewesen in der Firma. Aber das hängt dir an in alle Ewigkeit, wenn du Schulden hast. Fast war ihm der Bankangestellte sympathisch gewesen, der gesagt hatte: "Ja, wenn Sie bei uns mit einer Million in Kreide stünden, da ließe sich was machen; aber bei 56 000 ?!"

Und da ist kein Gott, der ihm hilft. Da ist nur die blanke Unbarmherzigkeit. Die Dinge gehen so lange gut, bis man erwischt wird. Und wer nie erwischt wird, kriegt einen Orden und einen Nachruf in der Zeitung.

Aber Macke hat so etwas wie seine Ehre bewahrt. Er hält sich an die Gesetze, soweit es geht. Nicht bloß aus Angst vor Strafe. Nicht nur, wenn einer da ist, der ihn gleich festnagelt.

Und darum protestiert er auch gegen seine Behandlung auf dem Polizeirevier: Das mit der Flasche war wirklich ein Versehen und dafür will er geradestehen. Aber das mit dem merkwürdigen Päckchen geht voll auf seinen Kumpel. Er will mit dem Zeugs nichts zu tun haben. Da soll der selber grade stehen.

Inzwischen kniet Bruder Martinus im Beichtstuhl. Sein Leben ist nichts wert vor Gott. Das weiß er.

Und er hat sich selber auch schon gestraft. Sein Rücken ist voller blutiger Striemen.

Grade heute ist Bruder Johann der Beichtvater - der Ordensobere! - wie soll er bestehen?

Doch Bruder Johann ist gnädiger, als Martinus dachte. "Bruder Martinus", spricht er, "sieh auf das Leiden unseres Herrn Jesus Christus! Sieh auf seine Wunden! Die hat er sich für unsere Sünden schlagen lassen. Du musst dich nicht selber schlagen und geißeln. Für uns ist er ans

Kreuz gegangen. Du musst dich nicht selber kreuzigen. Gott ist gut zu dir. Darum kannst du auch selber gut zu dir sein, und zu den anderen Menschen. Ich entlasse dich heute ohne eine Bußübung. Deine Buße sei, dass du nicht nur bei dir selber bleibst; dass du dich in die Seele anderer Menschen versetzt;

dass du dich in die Liebe Gottes versetzt, die nicht einem sündigen Menschen wie ein Spürhund auf der Fährte ist, um ihn zu erjagen; sondern wie ein Liebender dem Liebenden auf den Spuren ist, um ihn vor falschem Weg zu bewahren. Geh hin im Frieden des Herrn! Amen."

Macke indessen weiß nicht, wie ihm geschieht. Die schicke Frau auf der Wache hatten sie ohne großes Aufheben entlassen. Nur der Duft ihres teuren Parfüms steht noch im Raum. Plötzlich ist der Chef des Gruppenpostens aufgetaucht mit einem Zettelblock auf der Hand. Darin blättert er angestrengt und sagt: "Macke, gegen dich liegt nichts vor. Sieh bloß zu, dass das so bleibt! Hau ab und sieh endlich zu, dass du ordentliche Arbeit und eine Wohnung findest! Wenn wir uns hier noch einmal sehen, gibt es für dich ein Zimmer mit gesiebter Luft und hunderttausend Tüten zu kleben."

Macke fragt noch einmal ungläubig zurück, ob's das schon gewesen sei. Grinsend komplimentieren die Polizisten ihn auf die Straße.

Dort allerdings steht die schicke Frau - noch mit ihrem feuchten Taschentuch zwischen Händen und Augen unterwegs. Und das nun verschlägt Macke fast den Atem: Die schicke Frau spricht ihn an.

Macke weiß nicht, worüber er sich mehr wundern soll: Dass sie ihn überhaupt anspricht, oder dass sie ihn mit "Sie" anredet. So jedenfalls hat niemand mit ihm geredet, seit er vor drei Jahren unter die Brücke gezogen ist.

"Wenn Sie wollen," sagt die schicke Frau, "können Sie bei uns im Gartenhaus wohnen und sich in unserem Grundstück ein bisschen nützlich machen. Wenn Sie sich gut anstellen, könnte ich mit meinem Mann reden, ob er nicht für Sie einen Job in der Firma hat. Wir haben nämlich so einen Betrieb für Garten- und Geländegestaltung. Überlegen Sie sich's; aber möglichst nicht so lange. Hier ist meine Karte. Rufen Sie mich am besten diese Woche noch an, sonst ist der Job weg."

Macke steht da wie vom Donner gerührt und schnuppert ihrem Parfüm hinterher. Hier ist endlich die Chance, auf die er seit Monaten und Jahren gewartet hat. Jemand traut ihm was Gutes zu. Den will er nicht enttäuschen.

Indessen Martinus in seiner Studierstube sitzt. Es ist ihm eine Erleuchtung gekommen.

Und er fängt an zu schreiben, Einfache Sätze, über die man diskutieren kann - und soll.

Er weiß noch nicht, dass es 95 werden. Aber der erste Satz ist in seinem Kopf schon seit einiger Zeit gereift: "Wenn unser Herr Jesus Christus spricht, tut Buße, dann will er, dass unser ganzes Leben eine tägliche Neubesinnung und Umkehr sei." Und weil er ein Mönch ist im ausgehenden Mittelalter, schreibt er diesen Satz lateinisch auf. Aber doch wird er die Welt verändern. Denn jeden Tag verändert sich die Welt, wenn Menschen umkehren und nicht aus Zwang oder Angst, sondern aus freiem Willen Gott lieben und das Rechte tun.

AMEN

Ordnung nach dem Kirchenjahr

Ordnung nach den Bibeltexten

Printed by Books on Demand GmbH, Norderstedt / Germany